INVESTIRE
GUIDA PER IMPRENDITORI

Giorgio Priori

www.GiorgioPriori.it

INVESTIRE
GUIDA PER IMPRENDITORI

Giorgio Priori

La formula per investire in borsa ad alto
rendimento senza essere dei guru

Solo due ore al mese per:

Diversificare il tuo business
Crearti una rete di sicurezza
Moltiplicare gli utili
Dormire tranquillo
Pagare zero tasse

EDIZIONI

Limiti di responsabilità ed esonero dalla prestazione di garanzia
Sebbene l'autore e l'editore abbiano posto il massimo impegno nella redazione del presente libro, essi non forniscono alcuna dichiarazione o garanzia in relazione all'accuratezza del relativo contenuto; specificamente escludono ogni implicita garanzia in merito all'idoneità, alla commercializzazione, all'adeguatezza a specifici fini. Nessuna garanzia potrà essere resa o estesa da parte di agenti di vendita o venditori o in relazione al materiale illustrativo di supporto alla vendita. L'autore e l'editore non credono nei programmi per diventare ricchi velocemente, tutti i traguardi umani sono raggiunti solo attraverso il duro lavoro e il tempo. Né l'autore, né l'editore offrono alcuna garanzia di successo riguardo a guadagnare denaro con la strategia e le idee proposte nel libro. I suggerimenti e le strategie contenuti nel presente libro potrebbero non essere idonei al caso del lettore. Ove opportuno, si consiglia di consultare un professionista di fiducia. Né l'editore, né l'autore potranno in ogni caso essere considerati responsabili per ogni perdita o per ogni altro danno commerciale, ivi inclusi, a titolo esemplificativo ma non esaustivo, danni specifici, indiretti o conseguenti. Questa pubblicazione è stata scritta per fornire al lettore nozioni verificate ed affidabili ma i contenuti dell'opera, compresi i nomi delle società utilizzati negli esempi, avendo esclusivamente scopi didattici/informativi, non sono in alcun modo una consulenza personalizzata o dei messaggi promozionali rivolti al pubblico e finalizzati alla vendita di prodotti di investimento o alla sottoscrizione di prodotti d'investimento o sollecitazione al pubblico risparmio. Conseguentemente tutti i contenuti riportati vanno intesi come pure e semplici opinioni personali dell'Autore. Il libro ha solamente carattere educativo e presenta spunti di riflessione e idee che ogni lettore potrà valutare per proprio conto e secondo le sue personali esigenze. Investendo dei capitali il lettore potrebbe andare incontro ad una perdita sostanziale o totale. Ogni forma d'investimento comporta dei rischi e le passate performance non sono garanzia di analoghi risultati futuri. L'autore e l'editore non possono conoscere le caratteristiche personali del lettore quali: i flussi reddituali, le capacità di sostenere perdite, la consistenza patrimoniale e pertanto si sollevano da ogni responsabilità sia per possibili errori ed omissioni sia per eventuali danni diretti o indiretti conseguenti all'utilizzo di tutte o parte delle informazioni contenute in questa pubblicazione.

CONTENUTI BONUS RISERVATI AI LETTORI

Fanno parte integrante del libro i contenuti che ho creato appositamente per semplificare ancora di più l'applicazione della strategia d'investimento, ricorda di scaricarli al link qui sotto, sono gratuiti.

www.giorgiopriori.it/bonus

Lasciando la tua email riceverai questi cinque contenuti riservati ai lettori:

1. **Il REGISTRO DI INVESTIMENTO**, uno strumento indispensabile che ti semplifica molto il lavoro e ti permette di essere sicuro di seguire correttamente la strategia;
2. **Il VIDEO #1**, in cui ti mostro come utilizzare correttamente il "Registro di Investimento" e vedendo praticamente tutto quello che ti occorre per seguire la strategia negli anni e comunicare i giusti "numeri" al tuo commercialista;
3. **Il VIDEO #2**, in cui ti mostro, utilizzando la formula di questo libro, come selezionare passo passo e in modo semplice le aziende da "Il Sole 24 Ore";
4. **LA STRATEGIA IN PILLOLE**, il documento in PDF dove è riassunta tutta la strategia di selezione delle azioni.

E in più, riservato ai lettori più curiosi, il

5. CAPITOLO BONUS: LA FORMULA PER I PIU' ESPERTI

dove vedremo come i professionisti utilizzano la formula di Greenblatt per incrementare ancora di più i profitti.

A mia moglie,
che mi ha sempre incoraggiato verso la ricerca della
saggezza e della serenità.

A mia figlia,
la mia migliore "diversificazione" e il mio più riuscito
investimento nel business della vita.

Ai miei genitori e a mia zia,
che mi hanno sostenuto e hanno creduto sempre nelle
mie scelte.

Non sto giocando in borsa.
Non sto giocando d'azzardo.
Non sto scommettendo.
Non mi faccio guidare dalle emozioni.

Non cerco una scorciatoia.
Non diventerò ricco da zero.
Non diventerò ricco in un giorno, in un mese e nemmeno in un
anno.

Sto solo applicando un sistema.
Un sistema che, nel lungo termine, moltiplicherà in modo
esponenziale i risultati del mio lavoro.

Non mi arrendo ai venti contrari, di certo passeranno.
Non mi esalto per i venti favorevoli, di certo passeranno.
Mantengo fermo il timone,
dritto verso la meta
dove di certo arriverò.

La domanda non è <u>se</u>,
la domanda è <u>quando</u>.

Sommario

Prefazione

La prefazione è un testo che l'autore di un libro, o altra persona (come ad esempio un curatore), pone all'inizio di un'opera per illustrare le origini, le caratteristiche e le finalità del lavoro compiuto, garantendo una buona lettura del testo e attribuendogli veridicità.

È con vivo piacere, dunque, che presento il volume di Giorgio Priori "INVESTIRE GUIDA PER IMPRENDITORI. La formula per investire in borsa ad alto rendimento senza essere dei guru".

Questo libro nasce essenzialmente dalla necessità di disporre di uno strumento tecnico e non solo che sia in grado di fornire le conoscenze di base di un ambito della finanza aziendale, l'investimento nel mercato borsistico, che costituisce oggi il naturale punto di riferimento per molteplici considerazioni e osservazioni in ambito aziendale.

L'autore, infatti, in un numero circoscritto di pagine

riesce a delineare e mettere a sistema, in modo chiaro ed esaustivo, i differenti elementi che concorrono a definire quell'articolato puzzle che è l'investimento in azioni e le strategie migliori da intraprendere al fine di ottimizzare le scelte sottese all'impiego di un capitale monetario.

L'esposizione procede in modo tradizionale: dai concetti più elementari fino alle analisi più avanzate dedicando, nel contempo, attenzione alla tassonomia (definizioni, classificazioni, etc.).

Si inizia, con mettere in risalto l'attinenza con la formula magica di Joel Greenblatt, strumento fondamentale ma non sufficiente per il focus sulle misure di investimento per arrivare alla descrizione del P/E e del ROIC.

Si introducono, quindi, i tre strumenti necessari dell'analisi che rappresentano il cuore della pianificazione della strategia di investimento.

In tale contesto, ci appare senza dubbio originale la rivisitazione (rectius rielaborazione innovativa) della formula magica di Joel Greenblatt, dilatata al fine di poter essere utilizzata in un ambito più elementare del modello di base.

Sono altresì elaborate indicazioni circa il calcolo dell'ammontare da investire, quello dei benefici fiscali (con riferimento al regime PEX) o nuovi schemi come quello basato sul ciclo di vita dell'azienda che evidenza i momenti critici, aspetti interessanti nella gestione di un portafoglio in titoli.

L'opera che qui mi pregio di presentare scaturisce non solo dalla solida preparazione accademica dell'autore ma anche e soprattutto dalla sua esperienza (più che ventennale) nel mondo della "poliedrica" amministrazione d'impresa. Motivo per cui il testo oltre a costituire un indispensabile riferimento per gli studenti delle facoltà di economia, si pone quale guida basilare per gli imprenditori, in particolare di coloro che amministrano micro, piccole e/o medie imprese e, quindi, di realtà aziendali che, come ben sappiamo, rappresentano oltre il 90% del tessuto produttivo italiano.

Anche a loro, la lettura di questo libro potrà certamente portare beneficio in termini di conoscenza e applicazione operativa degli strumenti gestionali di seguito illustrati.

Prof. Alberto Frau

Roma, aprile 2021

Introduzione

Non ho inventato io la formula che troverai nel libro.

Infatti, la "Magic Formula" per selezionare le azioni che ti presento è frutto del lavoro di Joel Greenblatt, un noto investitore americano di incredibile successo. Se vuoi la troverai descritta molto bene nel suo libro "Il Piccolo Libro che Batte il Mercato Azionario".

MA ALLORA PERCHÉ SCRIVERE UN ALTRO LIBRO?

Avevo letto l'interessantissimo libro di Greenblatt tanti anni fa, quando ancora non possedevo una formazione approfondita, oltre che l'esperienza pratica, nell'investire in azioni. Mi era piaciuto molto e l'avevo trovato già allora geniale ma, col passare degli anni, il libro e le idee dell'autore rimasero a prendere polvere sugli scaffali della mia libreria.

Poi, molto tempo dopo mi capitò, per puro caso, di

rileggerlo. Era un caldissimo giorno d'estate e mi stavo annoiando sotto l'ombrellone quando decisi di scaricare la versione ebook del libro, tanto per leggere qualcosa.

Allora avevo terminato da tempo gli studi di finanza aziendale e di valutazione delle aziende e gestivo ormai professionalmente gli investimenti della mia società.

Rileggerlo fu per me come essere travolto da un treno in corsa! Adesso riuscivo finalmente a comprendere tutte le implicazioni e gli aspetti geniali che erano insiti nell'apparente semplicità del lavoro dell'autore.

Ne fui così colpito che decisi immediatamente di investire, da quel momento, una parte del portafoglio azionario della società seguendo la strategia del libro. Inutile dire che i risultati si dimostrarono, e si continuano a dimostrare, in linea con le aspettative, cioè eccezionali.

In particolare, lo trovai molto valido soprattutto per gli imprenditori, una categoria che conosco molto bene essendo stato anch'io per lungo tempo uno di loro.

E' proprio per gli imprenditori che decisi di scrivere il testo che hai tra le mani. Ho cercato di unire la formula di Greenblatt con la mia esperienza e con le conoscenze pratiche sull'argomento che ho maturato negli anni.

<u>Vedo questa strategia come una strada interessantissima verso la diversificazione del business a cui dovrebbero porre la giusta attenzione molti imprenditori per ridurre il rischio d'impresa.</u>

E' mio desiderio ed obiettivo del testo offrire all'imprenditore questa strategia di diversificazione da affiancare agli strumenti e ai metodi che già utilizza per gestire e far crescere la propria azienda.

Il nucleo centrale, su come selezionare le azioni, deriva

direttamente dalla formula di Greenblatt.

Le considerazioni più pratiche su come gestire il capitale, sviluppare la strategia, gli aspetti tecnici e quelli fiscali sono frutto della mia esperienza.

Ogni errore è solo mio.

Cosa imparerai

Il mio obiettivo pratico è questo: offrirti la possibilità di imparare una strategia che, come imprenditore, ti permetta di diversificare il rischio investendo in azioni. In questo modo sarai in grado di raggiungere, nel medio e lungo termine, dei ritorni più che soddisfacenti, molto probabilmente anche ben oltre il 7% degli indici di mercato.

Mi sono proposto di conseguire questo scopo attraverso:

Una strategia di semplice impiego ma che abbia senso e abbia una solida e sperimentata validità;
Un linguaggio semplice e diretto, senza paroloni, proprio come farei se stessi conversando con un amico.

Mi interessa trasmetterti dei concetti in modo chiaro e comprensibile. Per questo motivo punto alla semplicità, che non significa banalità, anzi, spesso è l'esatto opposto.

Non intendo rivolgermi al mondo accademico oppure ai manager di alto livello che hanno conseguito dei prestigiosi MBA. Se troverai il linguaggio utilizzato o la strategia troppo "semplici" allora questa guida non è per te.

E' invece rivolta a chi, come moltissimi imprenditori, non ha il tempo, o magari la voglia, di diventare un esperto investitore o un analista finanziario.

Chi sono

La prima volta che incassai una parcella da ingegnere con cinque zeri non nascondo che mi diede una certa soddisfazione.

Non era stato facile assicurarsi il lavoro, tanto meno realizzarlo, e soprattutto ottenere il pagamento. Ma alla fine ce l'avevo fatta. Era un grande momento: era il passaggio ad un livello superiore.

Dopo l'iniziale euforia (in realtà, lo confesso, molto dopo) cominciai a sentire dentro la mia testa una vocina. Prima un sussurro, poi un mormorio sempre più forte finché riuscì ad attirare decisamente la mia attenzione.

La vocina era fastidiosa, anzi era proprio insopportabile perché, come il Grillo Parlante, faceva appello alla parte più profonda di noi, quella che a volte cerchiamo di ignorare. E infatti continuava a ripetere una domanda per cui non avevo risposta.

Sei stato bravo. Hai fatto un bel lavoro e alla fine ti hanno pagato. Ma adesso con questi soldi che ci fai?

Come puoi fare per evitare che non finiscano nelle solite spese inutili?

E questa era la parte della vocina più "finanziaria" che parlava. Poi, come se non bastasse, c'era quella parte più di "autostima" che mi ripeteva:

Come puoi effettivamente affermare di essere salito di livello se poi ogni volta devi ricominciare tutto daccapo?

Quelli furono giorni alquanto significativi per la mia futura carriera e quella vocina fastidiosa non fece altro che gettare il seme giusto. Il seme mise le sue radici e divenne una piantina che mi spinse ad abbandonare l'ingegneria per rivolgermi verso l'imprenditoria e gli studi economici, di finanza aziendale ed immobiliare. L'interesse per la finanza continuò a crescere facendomi specializzare nella valutazione degli investimenti e nella valutazione delle aziende, culminando nella nascita della mia società di investimento: la *Integrity Investments*.

Investire in azioni non è stare davanti ai grafici ogni secondo per comprare e vendere all'impazzata come si vede spesso nei film. Non è nulla di tutto questo. Niente champagne, limousine, feste e vestiti firmati. Soprattutto non è "giocare in borsa" come dicono in tanti. Non è scommettere.

Per farti un'idea più precisa di come trascorro la mia giornata pensa al lavoro che svolge un analista contabile.

Tutto il giorno lo passo leggendo documenti lunghissimi in inglese, spulciando bilanci su bilanci, raccogliendo i numeri, facendo ricerche e tanti calcoli. In pratica trascorro il tempo davanti al computer. Ti confesso che scrivere questa guida è stato un divertente diversivo dalla routine quotidiana.

Ritornando alla domanda su come investire i propri capitali, mi sono reso conto con il tempo che non ero l'unico ad interrogarsi in merito. Anzi, ogni volta che toccavo questo argomento con qualche imprenditore, magari in forme diverse, la domanda saltava fuori.

Non c'è un modo per utilizzare questi ed i futuri guadagni come dei mattoni per creare qualcosa di stabile anche nel futuro?

Come posso fare in modo che i soldi guadagnati adesso "lavorino per me"?

In sostanza come posso investirli in modo intelligente?

Come posso rafforzare la mia posizione finanziaria con quello che ho già guadagnato?

Se voglio salire un livello, come faccio a crearmi uno "scalino" da cui effettivamente partire per raggiungere il successivo?

Molti grandi imprenditori sembra che siano inarrestabili, che abbiano risorse economiche infinite, anche nei momenti di crisi. Ma come fanno?

Conosco tanti colleghi che, dopo trenta, quaranta anni di lavoro in cui hanno lottato come tigri per far crescere la propria azienda, adesso, alla fine della carriera, si ritrovano ad essere stanchi e ad avere per fortuna qualche immobile da affittare "per la pensione". Veramente poco rispetto a quello che hanno fatto.

Altri, sempre dopo tanti anni di lavoro, si trovano improvvisamente ad affrontare una crisi, anche se non per forza globale come quella del COVID-19, che comunque sovverte completamente tutte le logiche su cui si è basata la loro impresa per anni. Quando ciò avviene, spesso accade che sono costretti a chiudere l'attività rimanendo con un pugno di mosche in mano. Senza considerare la perdita del lavoro da parte dei loro dipendenti e delle ripercussioni su tutte le loro famiglie.

Altri ancora, magari più giovani, hanno già un piano: fanno crescere la loro idea di business, si espandono nel mercato e poi, quando l'azienda avrà raggiunto la massima crescita la venderanno a qualche grande società in cambio di sostanziosi capitali.

Ma quei capitali, poi, come li investiranno?

Questo libro nasce proprio per provare a rispondere, almeno secondo il mio punto di vista ed il mio percorso personale, a questi interrogativi.

L'Anatema della Conoscenza

Nel 1990 la tesi di dottorato all'Università di Stanford della sociologa Elisabeth Newton consisteva in un semplice gioco.

La Newton divise un gruppo di persone in due sottogruppi che chiamò i "battitori" e gli "ascoltatori".

Un battitore doveva battere con le dita il ritmo della canzone che conosciamo tutti: "Tanti auguri a te". L'ascoltatore doveva indovinare che canzone fosse solo dal tempo battuto con le dita.

Prima di iniziare, ad ogni battitore veniva chiesto di pronosticare con quante probabilità il suo ascoltatore avrebbe riconosciuto la canzone "Tanti auguri a te".

In media i battitori pronosticarono che gli ascoltatori avrebbero riconosciuto la famosa canzone nel 50% dei casi.

Se ci pensi, in effetti chi è che non conosce questa

canzone? In inglese o in italiano anche se cambiano le parole, la musica è sempre la stessa.

Ma il risultato fu alquanto sorprendente.

In media, su cento ascoltatori solo 2,5 riconobbero la canzone.

Il 2,5%!

Inutile dire che la Newton superò l'esame di Dottorato a pieni voti.

Ma cosa era accaduto?

Perché ci fu questa grande differenza tra quanto pronosticato dai battitori (il 50%) rispetto al risultato finale (il 2,5%)?

Il problema è che essere un "battitore" è molto difficile. Cioè, permettimi di spiegare meglio: essere colui che già conosce un argomento presenta la difficoltà di non ricordare come si era prima.

Pensa a quante volte hai dovuto spiegare qualcosa che per te era di una semplicità disarmante ma la persona di fronte a te, che comunque stimi per la sua intelligenza, non riusciva a capirti.

Il battitore ha dentro la sua testa il motivo di "Tanti auguri a te" mentre batte le dita sul tavolo. L'ascoltatore no.

Spiegare dei concetti sugli investimenti, o su qualsiasi altro argomento, presenta analoghe difficoltà. Chi già conosce l'argomento dimentica inevitabilmente cosa significa non conoscerlo e quali siano le difficoltà iniziali. Chi lo affronta per la prima volta rimane confuso e disorientato.

E' questo l'Anatema della Conoscenza (*The Curse of Knowledge*).

Nelle pagine che seguono tenterò di non cadere in questa trappola e cercherò di utilizzare un linguaggio semplice proprio perché non dovrò dimenticarmi di come possa essere complicato all'inizio afferrare alcuni concetti. Ti chiedo di perdonami se a volte non ci riuscirò, l'Anatema della Conoscenza non risparmia nessuno.

La formula che vedremo passo passo insieme è semplice, ma non è banale.

E' semplice perché, una volta compresa, per farla funzionare, dovrai seguire dei passaggi facili e sempre uguali, proprio come una ricetta di cucina.

Il trucco sarà di ripeterla per molti anni sempre nello stesso modo.

Questa formula, come vedremo meglio nei capitoli successivi, funziona perché ti permette di comprare le azioni delle migliori società che sono vendute in quel momento al prezzo più basso.

Funziona perché è stata inventata da uno dei più grandi investitori degli ultimi decenni, Joel Greenblatt, che la continua ad utilizzare come fanno molti altri grandi investitori.

Non è facile, avrai comunque la necessità di comprendere alcuni passaggi e nuovi concetti. All'inizio potranno sembrarti complessi, ma man mano che procederai ti appariranno sempre più chiari e, se vuoi, anche di senso comune.

Ho cercato di rendere questi concetti nel modo più comprensibile possibile. Spero di esserci riuscito e di non incorrere anch'io nel "*Curse of Knowledge*".

A chi è rivolto questo libro

Se vuoi raggiungere risultati migliori della media devi fare le cose in modo diverso dalla media delle altre persone.

Sir John Templeton

Finalmente, dopo anni di sacrifici e difficoltà, la tua azienda sta cominciando ad andare bene.

Sei riuscito ad espandere il mercato, a trovare dei collaboratori capaci e fidati, a crearti un nome a cui i clienti danno fiducia.

Di problemi ce ne sono sempre a volontà. Però questa volta hai la sensazione che il meccanismo stia cominciando a girare bene.

E questo ti dà una bella soddisfazione. Ripensando a quando hai iniziato magari ti fa anche sorridere. Le nottate insonni, le arrabbiature, le delusioni. Dopo tutte quelle rinunce ti rendi conto che di strada ne hai fatta tanta.

La tua azienda ha un discreto fatturato e, cosa che hai notato già da qualche tempo, comincia ad accumulare a fine anno una certa riserva finanziaria.

Ma come puoi utilizzare questi utili oltre che distribuirli tra i soci, cioè anche a te stesso?

Questi soldi non possono in qualche modo contribuire a creare una maggiore sicurezza e, perché no, una maggiore ricchezza?

Li puoi utilizzare per creare una "diversificazione"?

Li puoi utilizzare per consolidare la tua posizione nel caso ci fossero future difficoltà?

Li puoi investire in modo abbastanza semplice ma anche redditizio e sicuro?

Può essere che le uniche alternative siano le solite?

Può essere che si riduca tutto a: comprare immobili (che comunque hanno un bel costo di gestione e non rendono poi così tanto), comprare obbligazioni nazionali o seguire le raccomandazioni dei consulenti finanziari della banca (di cui alla fine si capisce ben poco e le commissioni di quello che propongono sono spesso molto alte)?

Ma come fanno le grandi aziende quando si trovano in queste situazioni?

Come gestiscono il cosiddetto "eccesso di liquidità" i grandi imprenditori?

Può essere che acquistino solo immobili?

Può essere che investano tutto in quello che consiglia loro un consulente finanziario?

Come fanno a "diversificare"?

Puoi ben immaginare che la risposta a queste domande non sia una sola. Nei prossimi capitoli esamineremo una strategia di azione molto interessante sia per la relativa facilità di messa in pratica che per gli elevati rendimenti.

PER FARE SOLDI OCCORRONO SOLDI

Partiamo da quello che ci hanno insegnato da piccoli: "Per fare soldi occorrono soldi".

In parte è vero, ed è proprio questo il centro di tutto il ragionamento.

Se hai un flusso di denaro che proviene dalla tua azienda, hai già un bel vantaggio.

Questo vantaggio va sfruttato al massimo per consolidare e far crescere la tua ricchezza diversificando le tue attività.

Anche se la tua azienda non raggiunge milioni di euro l'anno di utile, non importa. Molto probabilmente puoi già iniziare a diversificare investendo in modo intelligente per creare un altro "generatore di ricchezza".

Diversificare ti dà quella bella sensazione che, se nel futuro qualcosa dovesse non andare più nel verso giusto, avresti comunque creato e fatto crescere una riserva di denaro investito in grado di proteggere finanziariamente te e la tua famiglia.

Esistono infiniti modi per investire e diversificare. Non serve diventare un esperto, basta applicare un metodo che sia:

- semplice;
- comprensibile;
- efficace.

A patto di essere disposti a seguirlo per molti anni, le soddisfazioni non mancheranno (potrebbe anche succedere che, nel lungo termine, questi investimenti diventino più importanti della tua stessa azienda).

In definitiva se hai un'azienda che genera denaro e hai compreso bene i vantaggi della diversificazione, ma:

- non hai idea di come fare;

- dopo tanti sacrifici ti piacerebbe finalmente dormire tranquillo;
- non hai tempo o voglia di diventare un esperto di investimenti e mercati finanziari;
- cerchi una strategia semplice, che abbia senso e che sia comprensibile,

allora questa guida fa proprio al caso tuo.

Questa strategia fa per te?

Il desiderio di diventare ricchi velocemente è molto pericoloso.

Charlie Munger

Qualche tempo fa mi sono ritrovato in una situazione paradossale che, penso, si degna di un film di Carlo Verdone.

Hai presente quei suoi personaggi surreali, graffianti e goffi, che in fondo in fondo fanno un po' tenerezza, con cui ci ha deliziato soprattutto nei primi film?

Ecco, credo proprio di averne incontrato uno!

Avevo conosciuto un agente immobiliare, chiamiamolo Ugo per semplificare il racconto, durante un atto di vendita di un immobile.

Ugo mi propose di valutare un terreno che aveva in carico per uno sviluppo (leggi costruzione) di un fabbricato residenziale.

La cosa mi sembrava interessante e decisi di incontrarlo presso la sua agenzia immobiliare.

Scarpe lucide, vestito a righe con cravatta e fazzoletto da taschino coordinati. Capelli impomatati all'indietro, stretta di mano sicura e spilla di qualche associazione mezza segreta (!!!) sul bavero… La mattinata prometteva bene, decisamente bene…

Ed infatti il dialogo è andato più o meno così.

Ugo: "Giorgio, non ho ben capito di cosa ti occupi…"

Io: "Ugo, come ti avevo accennato, gestisco una società di investimento che investe i capitali dei partecipanti in azioni e una parte in operazioni per dare un rendimento a basso rischio (a quel tempo mi occupavo ancora molto di immobiliare)".

Ugo: "quindi investi… sono sicuro che questo terreno possa proprio fare al caso tuo! E' una bella operazione!"

Io: "Ok Ugo, però (la mia filosofia è di essere il più chiaro possibile) tieni conto che la mia società non ha un'esperienza diretta sulle costruzioni quindi per noi questo diventerebbe un po' una "palestra" per fare esperienza, deve essere un'operazione ad ampi margini".

Ugo: "Certo, certo. Quindi sarebbe la prima volta che "costruisci"?".

Io: "Sì".

Ugo: "Non ti preoccupare! E' facilissimo! E ci fai un sacco di soldi!".

Io: "…".

Ugo: "Visto che non hai esperienza ti spiego bene come funziona!".

Io: "Ok…".

Ugo: "Sì perché è da tanto tempo che faccio questo lavoro! Pensa che prima avevo anche due, dico due, ditte di costruzione e otto agenzie immobiliari!".

Io: "Ah! Complimenti! E poi?"

Ugo: "No, è che con la crisi, sai com'è… alla fine non si facevano più soldi…".

Io: "Ah…".

Ugo: "Sì ho dovuto chiudere le due società di

costruzioni e ho dato ai dipendenti (bravissimi ragazzi eh!) le agenzie…. Ma una me la sono tenuta!".

Io: "Mi dispiace, spero che ora le cose vadano meglio…".

Ugo: "Alla grande! Qui poi c'è un sacco di lavoro… conosco tantissimi costruttori".

Io: "Bene, ma torniamo al terreno…".

Ugo: "Sì sì… allora ti spiego come funziona!".

Io: "…".

Ugo: "Allora tu compri il terreno".

Io: "Ok e fino a qui ci siamo…".

Ugo: "Poi, una volta approvato il progetto, vai in banca e ti fai dare un 'mutuo edilizio'…".

Io: "Ok, e anche fino a qui, più o meno, ci siamo… anche se la mia società non ha bisogno di indebitarsi ed aumentare il rischio…".

Ugo: "Noooo! Ma che rischio!".

Io: "Ehm… in effetti se aumenti il debito aumenti anche il rischio se qualcosa andasse male…".

Ugo: "No, no aspetta. Ti spiego come funziona!".

Io: "…".

Ugo: "Allora dicevamo, tu vai in banca e ti fai dare un mutuo edilizio. Poi quelli ti pagano a SAL. Che vuol dire?".

Io: "Stato di Avanzamento Lavori?".

Ugo: "Bravo! A quel punto tu fai fare il "cemento armato" e poi vai in banca e ti fai dare i soldi".

Io: "Ok, e con quei soldi ci pago chi mi ha fatto il "cemento armato"…".

Ugo: "No! No! No! Tu ti fai dare i soldi dalla banca, poi con una parte ci paghi chi ti ha fatto il cemento armato, mica glieli dai tutti!".

Io: "No? Perché non glieli do tutti?".

Ugo [ha detto proprio così!]: "Non glieli dai tutti! Per

carità! Adesso ti spiego… allora la banca ti dà i soldi del mutuo edilizio per pagare i fornitori che ti hanno fatto il "cemento armato" e tu a loro gliene dai solo la metà!".

Io: "Eh?".

Ugo: "Si, si! Perché con l'altra metà ti compri il Porche Carrera!".

Io: [gulp!]

Ugo: "…e a tua moglie compri una bella Range Rover Epoque e magari la porti da Tiffany a prendere qualcosa…".

Io: "No scusa, con i soldi della banca mi ci dovrei comprare due SUV?".

Ugo: "Eh sì! Ti spiego…".

Io: "Ok…".

Ugo: "Tu usi i soldi della banca che in realtà sono i soldi delle tasse!".

Io: "Tasse?".

Ugo: "Eh sì perché tu adesso con quei soldi ti ci compri tutte queste cose ma quelli sono i soldi che alla fine, quando hai venduto tutti gli appartamenti, ti sarebbero andati via per le tasse…".

Io: "Ma sei sicuro?".

Ugo: "Sì! Sì! Conosco un sacco di costruttori che fanno così! Praticamente con i soldi della banca e delle tasse vai avanti e fai la "bella vita"! Facile no?!? Lo fanno tutti!".

Non me ne sono andato seduta stante solo per educazione, ma una volta salutato ci ho messo un paio d'ore per riprendermi…

Ovviamente mi sono guardato bene dall'incontrarlo di nuovo.

Questo infallibile "metodo" del nostro Ugo

evidentemente non aveva dato molti frutti visto che, da quel che mi aveva raccontato, da grande costruttore e agente immobiliare qual era si era dovuto dare una bella ridimensionata vendendo o chiudendo società e agenzie…

Gli "Ugo" della situazione, non fanno per me. Questo l'ho capito subito durante la mia carriera imprenditoriale: non trovano posto nemmeno nella mia personale visione del mondo degli investimenti.

Per carità ci sarà sempre qualcuno che sarà disposto ad indebitarsi fino alla fine pur di avere una bella macchina e fare la "bella vita".

Personalmente preferisco dormire tranquillo.

Questa breve storiella l'ho voluta raccontare:

1. Per chiarire bene qual è la mia visione di imprenditore e di investitore;
2. Per precisare il target a cui questo libro non si rivolge;
3. Per sorridere insieme di un personaggio incredibile!

Quindi se anche tu pensi che:

- Non c'è bisogno di fare strane operazioni o "strani affari" per raggiungere i tuoi obiettivi;
- Se non hai i soldi allora non compri il SUV con quelli degli altri (o della banca);
- L'orizzonte per gli investimenti è il lungo periodo (anni, non giorni);
- E' meglio dormire bene la notte.

Allora, per rispondere alla domanda di inizio capitolo, la strategia di investimento che vedremo insieme potrebbe fare proprio al caso tuo.

Parte 1

La Visione d'Insieme

Cosa significa "investire"

Il rischio deriva dal non sapere cosa stai facendo.

Warren Buffett

I nvestire vuol dire rinunciare ad un beneficio immediato per averne uno maggiore nel futuro.

Acquistare un'automobile, magari cambiandola una volta l'anno, in genere non è un investimento.

Acquistare la villa al mare in genere non è un investimento (a meno che non lo fai per affittarla).

Acquistare un jet privato in genere non è un investimento.

A proposito di jet privati, lo stesso Warren Buffett, tra i più grandi investitori di tutti i tempi, e noto per la sua frugalità nelle spese voluttuarie, racconta un piccolo aneddoto a tal proposito.

Narra infatti che, quando decise di acquistare il suo jet, chiese ad un suo amico che già lo aveva come potesse giustificare tale spesa. La risposta laconica fu: "Caro Warren, un Jet non si giustifica, si razionalizza".

Quindi nessuna delle suddette spese rientrano nella

categoria degli investimenti. Se le vuoi "razionalizzare" nel senso di ritenerle necessarie per ospitare i tuoi clienti e fare colpo su di loro, oppure per "investire" nel tuo riposo o nel tuo edonismo per poi essere ancora più produttivo e gratificato, fai pure. Ma in realtà sappi che tali spese continuano a non essere un investimento.

Come perdere i soldi
in borsa

Le due regole per investire:
1. Non perdere soldi;
2. Non dimenticare mai la regola numero uno.

Warren Buffett

Scommetti o investi? Partiamo da qui. In questo libro troverai tutto ciò che ti occorre per creare una "diversificazione" per il tuo investimento principale, cioè la tua azienda.

Hai presente la regola di non tenere tutte le uova in un unico cestino? Se cade quel cestino le tue uova fanno una frittata e non daranno più alla luce preziose galline.

Questa diversificazione avrà la caratteristica di essere a lungo termine e di <u>non</u> portarti immediati guadagni. E' la strategia per crearti un patrimonio alternativo alla tua azienda alimentato da essa stessa.

Come credi che Bill Gates stia da un paio di decenni sui primi due o tre gradini della classifica degli uomini più ricchi al mondo?

Sicuramente la sua incredibile azienda, la Microsoft, è stata la leva principale per arrivare a questo traguardo. Ma Gates ha differenziato il suo capitale investendolo al di fuori della Microsoft e questo gli ha permesso di raggiungere, e mantenere, il suo invidiabile primato.

Investire vuol dire avere la pazienza di attendere.

La tua attività principale sarà sempre la tua fantastica azienda che ti permette di vivere, far stare bene te e la tua famiglia e dare lavoro ai tuoi collaboratori. Ma è giunto il momento di dirottare una parte dei flussi finanziari (più avanti vedremo di stimare insieme quanto) verso la strada della diversificazione.

E' proprio l'opposto del gioco d'azzardo.

E' proprio l'opposto di attività ad alto rischio quali il trading (quello che viene comunemente definito come "giocare in borsa").

Investire per differenziare non è un gioco ma una componente importante che dovrai affrontare con la stessa serietà con cui affronti i problemi di gestione operativa ordinari e straordinari della tua azienda.

DUE PAROLE SUL TRADING

Il trading, cioè l'attività di acquistare titoli di qualsiasi tipo ad un prezzo basso per rivenderli successivamente ad un prezzo più alto (o anche al contrario cioè come dicono gli addetti ai lavori: "shortare") è estremamente rischioso e richiede moltissimo tempo ed impegno. Non ho mai conosciuto persone che siano riuscite ad arricchirsi con il trading senza essersi impegnati per anni a comprenderne i meccanismi. E molti di questi traders, dopo lunghi periodi positivi, spesso hanno visto evaporare tutta la loro ricchezza in una notte!

Il trading è molto di moda perché in realtà è un gioco d'azzardo. Te lo posso testimoniare in prima persona. Nei primi anni in cui mi sono dedicato agli investimenti non avevo escluso la possibilità di dedicarmi al trading come lavoro e ho provato con una piccola somma di denaro per un anno intero.

All'inizio ero molto affascinato dall'idea: ti metti davanti al computer ad osservare dei grafici colorati (spesso verdi e rossi) e devi decidere se comprare o vendere in pochi minuti. Per un anno seguivo l'analisi tecnica e gli indicatori per acquistare e vendere, seguivo le notizie e le tendenze di mercato. Operavo sulle valute (quello che è conosciuto come "Forex") e sui titoli azionari attraverso dei contratti derivati (come i "CFD" - Contracts for Difference).

Il risultato del mio impegno nel trading, che ho studiato a fondo e praticato con disciplina e costanza, è stato che non mi sono mai distaccato da quella sensazione di anche-questa-volta-sei-stato-fortunato.

Per fortuna non ho infranto la regola numero uno dell'investimento, cioè non ho perso soldi, ma, finito il periodo di sperimentazione di un anno, ho deciso che non faceva proprio per me.

Nel trading la sensazione, il brivido che ti corre dietro la schiena quando guadagni qualche migliaio di euro, ti spinge a farlo ancora, e ancora. È esattamente lo stesso meccanismo del gioco d'azzardo.

E proprio come nel gioco d'azzardo c'è qualcuno che vince sempre: il banco.

Non a caso sono nate come funghi le società di trading online e un'infinità di "guru" che ti promettono ricchezza e felicità in pochi mesi.

Se vuoi fare il trader, al contrario di quanto dicono molti "guru", dovrai rimboccarti le maniche e sapere che sarà un lavoro a tempo pieno, spesso estenuante ed estremamente difficile. Sicuramente incompatibile con l'attività di imprenditore.

Ed anche molto rischiosa, infatti è molto difficile riuscire nel trading.

È molto probabile che anche tu ne esca con le ossa rotte. Uno studio della AMF (Autorité des Marchés Financiers) ha riscontrato che l'80% degli investitori privati concludono i loro primi 12 mesi in passivo (cioè perdono soldi) e che questa percentuale sale al 90% se riferita ad un arco temporale di 4 anni. Alcune ricerche parlano addirittura del 95%.

Riflettiamo un attimo: scommetteresti una fetta del tuo patrimonio se avessi solo il 5% di probabilità di vincere ed il 95% di perdere tutto?

Io no.

Non ci interessa nemmeno inseguire le notizie sulla Borsa.

Non passa giorno che i telegiornali e i vari siti di informazione non abbiano una notizia a caratteri cubitali su quanto ha guadagnato o perso la Borsa.

In genere, quando scende, i titoli sono del genere: "Bruciati X miliardi!"

Oppure, se la Borsa sale, una tra le metafore più usate è che, come i ciclisti, la Borsa "è in volata". Addirittura, se Piazza Affari guadagna di più delle altre borse europee diventa nei titoli "Maglia Rosa".

Queste indicazioni a noi interessano in genere solo in modo marginale.

Infine, non cercheremo di investire inseguendo le notizie per tre motivi:

1. Una volta uscita la notizia in genere i giochi sono stati già fatti;
2. La reazione dei mercati ad una determinata notizia

non è scontata, possono reagire salendo o scendendo indipendentemente dalla notizia;

3. Sarebbe un'altra forma di trading che, oltre ad essere molto rischiosa richiederebbe un impegno notevole e costante.

DUE PAROLE SULLE BOLLE FINANZIARIE

Nei primi anni duemila sono stato con mio fratello nello Yukon, in Canada. Lo Yukon si trova nel remoto nord del continente americano, per capirci confina con l'Alaska. E' un posto sperduto e praticamente deserto, ha una superficie una volta e mezzo l'Italia e ci vivono meno di 40.000 (!) persone. In pratica è come se in tutta Italia ci vivessero solo gli abitanti di Aosta.

È anche tra i posti più freddi del pianeta, d'inverno la temperatura scende oltre i -40°C.

Lo Yukon nell'immaginario collettivo è famoso per la corsa all'oro che ci fu tra il 1896 e il 1901 vicino al fiume Klondike (chi conosce le storie di Zio Paperone sa di cosa parlo ma anche chi ha letto i racconti di Jack London). In quegli anni ci si riversò una marea umana di persone tra le più disparate: dai ricchi avventurieri a chi aveva venduto tutto per pagarsi il viaggio. Era la "febbre dell'oro".

Comparvero miniere ovunque lungo il Klondike. Questi cercatori d'oro facevano una vita durissima. Durante l'estate scavavano giorno e notte e d'inverno dovevano vivere in capanne o in tende isolate in attesa del disgelo.

I pochi fortunati che trovavano qualche pepita la utilizzavano in paese (Dawson City) per pagarsi da bere e magari fare un ballo con le varie "signorine", venute anche loro con l'idea di facili guadagni.

Poi un giorno tutto finì.

Nel giro di pochissimi anni lo Yukon rimase quasi deserto. Da oltre 50.000 abitanti durante la "Gold Rush" arrivò ad averne circa 4.000. La Febbre dell'oro era finita.

Ma fra tutte quelle migliaia di persone, che erano state disposte a giocarsi tutto pur di rincorrere il miraggio della ricchezza, chi divenne veramente ricco?

La risposta mi sorprese molto quando lo scoprii.

A parte alcuni, pochi e i primissimi ad arrivare, minatori che portarono a casa sacchi pieni d'oro, i veri Paperoni furono gli imprenditori.

Infatti, chi si arricchì in modo direi sfacciato, furono tutti coloro che vendevano servizi e prodotti ai cercatori. I maniscalchi, i proprietari di saloon, degli empori, delle ditte di trasporto furono i veri vincitori di quella folle corsa.

Rischiarono poco, comunque molto meno dei cercatori, e vennero via con le tasche piene di tutte quelle pepite e denaro che proprio i cercatori avevano in qualche modo estratto per loro.

È formidabile vedere che queste "bolle" si ripetono nella storia: la bolla dei Tulipani nel 1637 fu la prima documentata, in cui le persone persero fortune, titoli nobiliari e castelli. L'ultima in ordine cronologico è stata la bolla dei Bitcoins dove il prezzo passò da 800 dollari a gennaio 2017, arrivò a oltre 17.000 dollari a dicembre per precipitare sotto i 3.800 dollari a dicembre dell'anno successivo.

Anche in quest'ultima, moderna, corsa all'oro molti novelli traders hanno perso patrimoni interi.

Le tre regole che dovrebbe conoscere chi fa trading o insegue le "corse all'oro" sono le seguenti:

Regola numero uno: Si arricchisce solo chi vende i servizi (brokers, saloon, empori e "signorine");

Regola numero due: Quando ne senti parlare è già troppo tardi per investire;

Regola numero tre: non dimenticare mai la prima e la seconda regola.

Prima di cominciare a parlare di investimenti, è bene mettere in chiaro una cosa: non stiamo parlando di trading, non stiamo parlando di gioco d'azzardo, non stiamo parlando di promesse di guadagni esorbitanti (almeno nel breve periodo). Non stiamo parlando di secondi o minuti.

Stiamo parlando di investire seguendo una strategia che funziona nel lungo periodo: mesi o anni.

Le solite alternative

Sapere cosa non conosci è molto più utile di essere intelligenti.
Charlie Munger

In base a quello che conosciamo, che pensiamo di sapere o che ci hanno detto, per investire in modo "sicuro" i nostri capitali ci si prospettano due alternative, escludendo ovviamente quella di tenerli "sotto il materasso" cioè investirli in obbligazioni statali:

- investire in immobili;
- rivolgersi ad un consulente finanziario per investirli secondo le sue indicazioni.

INVESTIRE IN IMMOBILI

Investire in immobili, magari da affittare, è stato e sarà ancora per molto tempo il modo più facile che noi italiani, ma non solo noi, abbiamo sempre ritenuto valido, fin dai nostri nonni.

Il "mattone" è stato visto come il posto più sicuro dove investire i propri risparmi. È la soluzione buona per tutti: i prezzi delle case crescono sempre, quindi risparmia e compra case!

Ma questa strategia si è rivelata spesso più debole e addirittura in perdita. Per quanto possa sembrare strano l'investimento immobiliare non è il rifugio da tutti i mali, anzi. Molti risparmiatori hanno perso anche oltre la metà del patrimonio investito negli immobili.

La leggenda che il mercato del mattone cresca sempre è, e resta, solo una leggenda. L'immobiliare è esattamente come tutti gli altri mercati, sale e scende. In più è estremamente "illiquido": cioè non puoi vendere solo una finestra o un balcone se hai bisogno di contanti. Sei costretto a vendere tutto l'investimento e spesso in tempi molto lunghi.

Ci sono esperti di "Real Estate" che hanno dimostrato che un investimento in immobili fatto ad inizio del '900, tenuto conto dell'inflazione, dei costi di manutenzione e delle imposte, abbia avuto un rendimento complessivo in media intorno allo 0%!

Se non hai bisogno di comprare una casa per viverci o per i tuoi figli, pensaci bene prima di immobilizzare i tuoi proventi finanziari in immobili. Quando non lo fa il mercato al ribasso, ci pensano l'inflazione, i costi di manutenzione, le tasse di proprietà e gli inquilini morosi a consumare pian piano il valore del tuo investimento.

CONSULENZE FINANZIARIE

I consulenti finanziari, free lance o delle banche, sono un'altra soluzione per i risparmiatori o per chi ha capitali da investire.

Ahimè, anche qui (ne parleremo in seguito), dovresti essere molto accorto nella selezione perché gli interessi tra un consulente e un risparmiatore sono per forza disallineati. Nel senso che l'investitore intende far crescere i suoi risparmi, mentre l'interesse primario del consulente finanziario è quello di far guadagnare il proprio istituto attraverso le commissioni sulla consulenza e indipendentemente dal rendimento del tuo capitale. I numeri dei risultati effettivamente raggiunti dai fondi di investimento purtroppo parlano da soli.

UN SEMPLICE TRUCCO PER SELEZIONARE IL TUO CONSULENTE FINANZIARIO DI FIDUCIA

Se proprio decidessi che tutto quello che ho scritto nel libro non fa al caso tuo e che non hai altra strada se non quella di rivolgerti ad un consulente finanziario almeno fai una selezione in base al seguente semplice ma importante test.

Chiedigli, in modo diretto, quali sono stati i risultati delle sue strategie di investimento.

Non mi riferisco ai bei fogli esplicativi dei fondi di investimento che ti propone, tutti colorati e con dei bei grafici. Invece mi riferisco ai suoi risultati come investitore. I suoi risultati personali.

L'unico modo per capire se è veramente preparato non sono i paroloni, o il gergo utilizzati, bensì quello che, in base alla sua capacità, ha ottenuto con i propri soldi.

Chiedigli di mostrarti il suo conto titoli personale e la performance degli ultimi cinque anni. Cosa ha comprato? Cosa ha venduto? Perché?

Se è così bravo come dice, allora sarà orgoglioso di mostrarti quello che ha ottenuto, non esiterà un minuto, lo farai felice!

Ma più probabilmente sarà spiazzato da questa tua richiesta. In molti casi, se ha ottenuto mediocri risultati oppure addirittura non investe (non ci crederai ma molti consulenti finanziari non investono), tenderà a barricarsi dietro la privacy forse qualcuno si mostrerà risentito.

Ma in realtà qui l'orgoglio ferito conta poco, e ancora meno la privacy. Tu gli stai già dando tutte le informazioni sul tuo patrimonio, perché lui non dovrebbe fare la stessa cosa? La fiducia è reciproca oppure è solo a senso unico?

Con questo piccolo stratagemma probabilmente taglierai fuori più del 95% dei consulenti finanziari che ti vogliono convincere ad investire. Il restante 5% è costituito da professionisti che, probabilmente, meritano di avere la tua fiducia.

ALTRE SOLUZIONI FAI-DA-TE

Alcuni imprenditori scelgono altre strade. Ad esempio, c'è chi non vede l'ora di avere la possibilità di acquistare con gli utili societari il capannone (o gli uffici) dove si trova la sua azienda. Oppure ci sono gli imprenditori che si rivolgono, in mancanza di altre soluzioni, al commercialista per chiedere consiglio su come investire. O magari c'è chi si rivolge ai propri amici in cerca di un'idea.

In tutto questo ritengo che ci siano due aspetti interessanti che emergono dai nostri comportamenti:

1. Dedichiamo il massimo sforzo ad imparare a far crescere la nostra azienda per avere sempre più utili ma poi, come impiegare questi utili, come conservarli e come investirli, non ne abbiamo proprio idea;
2. Riteniamo forse che sia più facile gestire i capitali rispetto a generarli e per questo motivo spesso la

gestione la deleghiamo ad altri o lo facciamo in modo superficiale.

Per gestire i tuoi capitali ritengo che, in base alla mia esperienza e a quello che emerge analizzando chi ha avuto successo, come imprenditore probabilmente <u>non dovresti</u>:

- chiedere ad un consulente finanziario o alla tua banca perché spesso hanno interesse a farti investire sui loro prodotti per guadagnare principalmente sulle commissioni piuttosto che farti ottenere i massimi rendimenti (per fortuna ci sono comunque molti professionisti che sono un'eccezione, alcuni ho anche avuto la fortuna di conoscerli di persona);
- investire in una casa, a meno che non ti occorra per viverci, perché le case possono perdere valore come qualsiasi altro investimento ed hanno anche la brutta abitudine di avere dei costi di gestione molto alti;
- acquistare il capannone per la tua azienda, perché stai investendo in qualcosa che può perdere valore e stai immobilizzando dei fondi che potrebbero renderti molto, ma molto di più (sul perché, nella stragrande maggioranza dei casi, non è il caso di comprare il capannone potrei dedicare un intero capitolo di finanza d'impresa);
- chiedere al commercialista: è un professionista che si occupa di argomenti molto complessi, ma è difficile, salvo rare eccezioni, che sappia darti dei consigli sugli investimenti perché non è il suo campo;
- chiedere agli amici, perché ti direbbero "se li dai a me ti faccio vedere io come investirli", ovviamente in tono ironico...

Invece, a meno che tu non voglia diventare un investitore professionista, ritengo essere molto meglio che sia proprio tu ad occuparti dei tuoi capitali. Per farlo dovrai:

1. imparare una strategia di investimento semplice ed efficace;
2. applicarla con pazienza e disciplina per anni;
3. nel frattempo, continuare a gestire la tua azienda.

Se farai in questo modo allora <u>sarai premiato molto più di quanto tu possa immaginare,</u> di certo molto più rispetto ad investire in immobili o ad aver investito tramite dei consulenti oppure ad aver acquistato il capannone.

È proprio questa la strategia che potrai imparare leggendo i prossimi capitoli.

L'oculista
diventato miliardario

Prendi una parte di quello che hai guadagnato con il tuo sudore ed investila nel lavoro altrui.

Herbert Wertheim

Chi mi conosce sa che passo molto tempo a leggere le storie degli imprenditori di successo.

Tra le tante mi ha colpito molto quella di un signore americano, alquanto sconosciuto, che è passato dalla soglia del riformatorio a quasi quattro miliardi di dollari di patrimonio (e no, non ha seguito la strada della criminalità).

Per qualche motivo in Italia si parla poco di imprenditori. E si parla ancora meno di investitori. Molto diverso è ciò che avviene nel mondo anglosassone e statunitense in particolare, dove invece storie e aneddoti sugli imprenditori ed investitori non mancano.

Herbert "Herbie" Wertheim, nato in Germania nel 1939, da piccolissimo fuggì negli Stati Uniti dal regime nazista assieme ai suoi genitori.

Per lui fu un'infanzia difficile; oltre a dover imparare una nuova lingua, doveva anche affrontare la sua dislessia e compagni di classe e professori non proprio amichevoli.

Passava più tempo fuori che dentro la scuola e ad un certo punto sembrava proprio che il futuro per lui avesse preso una direzione alquanto pericolosa.

A 16 anni ebbe un colpo di fortuna. Durante un processo per essersi assentato dalle lezioni della scuola dell'obbligo, un giudice gli diede la possibilità di scegliere tra il riformatorio e il servizio nella marina militare.

Da quel momento in poi la sua vita cambiò drasticamente. In marina si specializzò in fisica e chimica e, fin da subito, cominciò ad investire una parte del suo stipendio da militare in azioni di società americane, passando il resto del tempo nei laboratori scientifici a fare esperimenti.

Finito il militare, per pagarsi gli studi di ingegneria, vendette enciclopedie porta a porta.

Si diplomò in Oculistica e i dodici anni successivi li dedicò alle visite dei pazienti delle fasce più povere. Durante i pomeriggi però, non smetteva mai di dedicarsi ai suoi esperimenti. Non si arrese fin quando non inventò e brevettò un colorante per le lenti degli occhiali da vista in grado di assorbire i raggi UV e prevenire le cataratte.

Continuò ad alternare le visite ai suoi pazienti la mattina e la sperimentazione di nuovi coloranti e prodotti per le lenti durante il pomeriggio. Herbie andò avanti così finché non fondò la sua società, la Brain Power Inc, specializzata proprio nella produzione di coloranti per le lenti degli occhiali da vista.

La Brain Power Inc crebbe ed ebbe successo. Negli anni Herbie però non dimenticò mai di investire una parte dei suoi guadagni in azioni di società quotate in borsa, cosa che aveva continuato a fare da quando si era arruolato in marina.

INVESTIRE SUL LAVORO DEGLI ALTRI

La sua filosofia di investimento è di una semplicità incredibile: investire sul lavoro degli altri. Fare leva sulle capacità, sull'esperienza e sull'energia delle altre persone e delle altre organizzazioni permette di amplificare i propri sforzi dieci, cento, mille volte.

Grazie all'effetto degli interessi composti, che chiunque può sfruttare investendo nelle migliori aziende, un imprenditore può moltiplicare i suoi guadagni nel tempo oltre le sue più rosee aspettative.

Herbie è partito da un colorante per lenti e, investendo con disciplina e costanza in azioni una parte degli utili della sua azienda, ha creato un piccolo impero del valore di quasi quattro miliardi di dollari. Una buona parte dei suoi guadagni, circa cento milioni, Wertheim li ha donati in beneficenza e alle scuole pubbliche. Perché, senza la possibilità di studiare gratuitamente, non avrebbe mai avuto l'opportunità di realizzarsi.

Come ci è riuscito lui, attraverso la disciplina e la costanza, ci può riuscire qualsiasi altro imprenditore.

Perché investire in azioni: l'effetto domino

Nella vita devi fare bene solo poche cose, ma le devi fare a lungo, in modo tale da non aver tempo per farne altre male.

Warren Buffett

A mio giudizio investire in azioni ha forse molto più senso per un imprenditore che per un risparmiatore.

Alla base di questa mia personale convinzione c'è il fatto che la tua azienda è forse già il tuo più importante investimento.

In effetti ogni giorno stai investendo denaro, tempo ed energie nel tuo business, quindi in fondo, anche se forse la tua attività non l'avevi mai considerata sotto questo punto di vista, tu sei già un investitore. Se sei un imprenditore allora hai "nel sangue" il gene dell'investitore.

Considera le azioni come una frazione di proprietà di un'azienda, acquistandole tu diventi socio azionista, quindi proprietario di minoranza di quella società.

Ne consegue che tu, adesso, hai investito su un unico titolo, su un'unica azienda: la tua.

Quindi, come imprenditore, acquistando le azioni di altre aziende farai quello che già fai tutti i giorni: investire.

Proprio perché hai già la tua azienda, acquistando azioni, sarai proprietario di un numero maggiore di aziende, seppure in quota parte.

Investendo in azioni non farai altro che espandere quello che stai già facendo, ottenendo in più i benefici di cui abbiamo già accennato:

-   diversificare il tuo investimento;
-   creare una rete di sicurezza per il futuro;
-   consolidare la posizione che hai raggiunto.

L'EFFETTO DOMINO DELL'INVESTIRE IN AZIONI

Ipotizziamo che tra 15 anni tu voglia ritirarti dagli affari ed andare in pensione. Se adesso hai 35 anni significa che a 50 anni ti vedi come un giovane "pensionato" pronto a nuove avventure.

Per farlo, probabilmente, venderai la tua azienda. Potrai così essere un giovane pensionato felice, sempre che le cose siano andate nel verso giusto e la tua impresa abbia dato i frutti sperati.

Ma, come vedremo tra poco, potrai essere probabilmente molto, ma molto più felice se, ad esempio, avrai investito una parte degli utili della tua azienda diligentemente in azioni di società quotate. E sarà anche molto più probabile che potrai vivere agevolmente di rendita.

Facciamo insieme due semplici calcoli.

30.000 EURO L'ANNO

Prima ipotesi: la tua azienda produce un utile netto che puoi riservare agli investimenti in azioni di 30.000 euro l'anno (più avanti nel libro vedremo insieme come calcolare quanta parte degli utili dalla tua azienda puoi ragionevolmente investire in azioni, la chiameremo la Disponibilità Finanziaria per gli Investimenti - DFI).

Facciamo conto che tu abbia a disposizione, per tutti i prossimi 15 anni, sempre 30.000 euro di utili netti nel bilancio della tua azienda.

Supponiamo anche che tu abbia un metodo per investire questi utili in modo tale che nei prossimi 15 anni ti diano un rendimento medio del 7%.

Attenzione stiamo parlando del 7%, non del 20 o 30%...

Perché proprio il 7%?

Perché l'indice americano Dow Jones ha avuto in media i seguenti rendimenti:

- 7,1% negli ultimi 50 anni
- 7,4% negli ultimi 25 anni
- 10,3% negli ultimi 10 anni

Se tu avessi investito solo \$100.000 cinquanta anni fa in un indice che replica il Dow Jones adesso avresti più di \$3.000.000 (per la precisione \$3.086.550).

Se invece avessi investito in Europa o in Italia i rendimenti sarebbero stati molto inferiori, ma questo è sempre riferito alla totalità del mercato, non alle azioni delle migliori società che impareremo a selezionare.

Ma torniamo al nostro 7% annuo.

Se proprio non sai come fare per ottenere questo

rendimento potresti, ad esempio, valutare di acquistare un fondo ETF che replica un indice del mercato americano (si chiamano ETF dell'inglese Exchange Traded Fund) e otterresti, se i mercati continuassero a comportarsi come negli ultimi 50 anni, un rendimento simile.

Vediamo insieme qual è l'effetto domino per le tue finanze (per essere più precisi la parte relativa alle "Immobilizzazioni Finanziarie" dello Stato Patrimoniale della tua azienda) quando investi 30.000 euro al 7% e ogni anno aggiungi altri 30.000 euro che continui ad investire al 7%.

Ricordati che il calcolo prevede che tu reinvesta il rendimento. Quindi se i primi 30.000 euro ti rendono il 7% alla fine dell'anno, cioè 2.100 euro, questi li investirai di nuovo.

Per capirci meglio, all'inizio del secondo anno avrai:

- 30.000 euro dall'anno precedente;
- 2.100 euro dal rendimento al 7%;
- altri 30.000 euro dagli utili della tua azienda di quest'anno.

Per un totale di 62.100 euro investiti.

Nel grafico puoi vedere l'andamento del capitale di 30.000 euro per i prossimi 15 anni. Se sarai costante nel seguire la strategia, con un rendimento di solo il 7% l'anno, potrai raggiungere un capitale di oltre 829.000 euro.

In questo calcolo ho tenuto conto della tassazione agevolata PEX sulla plusvalenza strettamente favorevole alle aziende di cui parleremo nel capitolo sulle tasse. È per questo motivo che non otterrai gli stessi risultati se investi con il tuo conto personale la cui tassazione è differente e non agevolata.

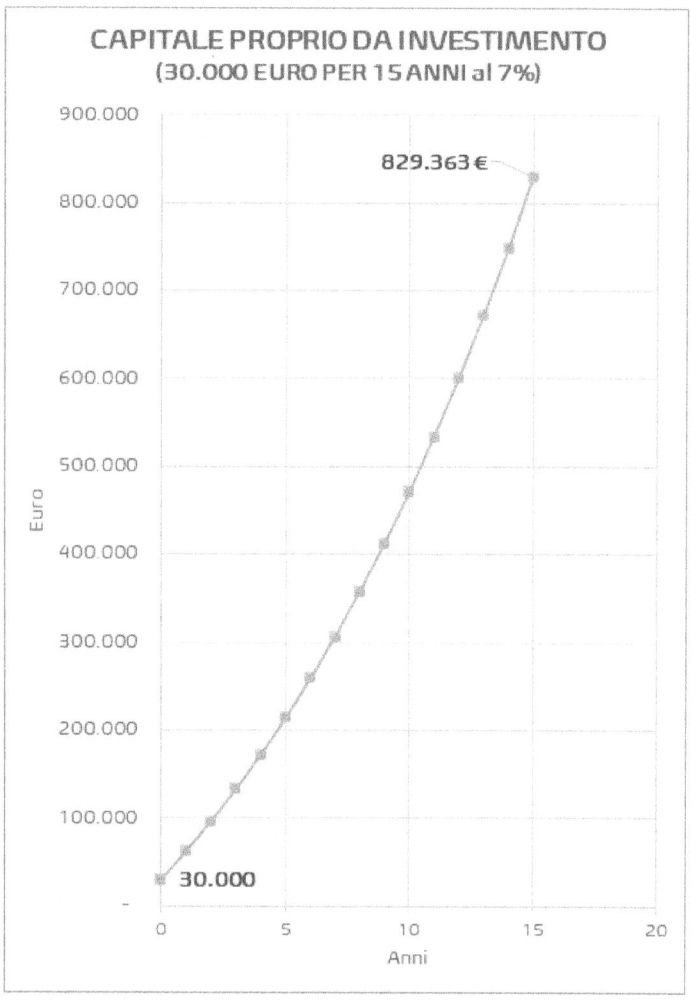

CAPITALE PROPRIO DA INVESTIMENTO
(30.000 EURO PER 15 ANNI al 7%)

829.363 €

30.000

Dopo 15 anni di duro lavoro decidi di dividere la tua azienda in due rami: il ramo di azienda produttivo ed il ramo di azienda che investe.

Magari è giunto il momento in cui vuoi iniziare a viaggiare, vuoi avere più tempo per stare con la tua famiglia oppure con i tuoi nipoti. O magari vuoi iniziare un'altra impresa, dedicarti ad aiutare gli altri o ad un hobby. Per fare questo decidi saggiamente di vendere il ramo di azienda produttivo e di tenere quello di investimento.

Supponendo che il ramo produttivo dopo 15 anni ti stia ancora producendo un utile medio di 30.000 euro (quindi siamo cautelativi perché è come se la tua azienda non fosse cresciuta nel mercato) e che non abbia debiti, allora lo potrai vendere diciamo a 300.000 euro. Tolte le imposte di capital gain del 26% i 300.000 euro si riducono a 222.000 euro netti.

Quale sarà il capitale proprio a questo punto?

Tra 15 anni, quando vorrai andare in pensione, il tuo capitale sarà strutturato come nel grafico seguente.

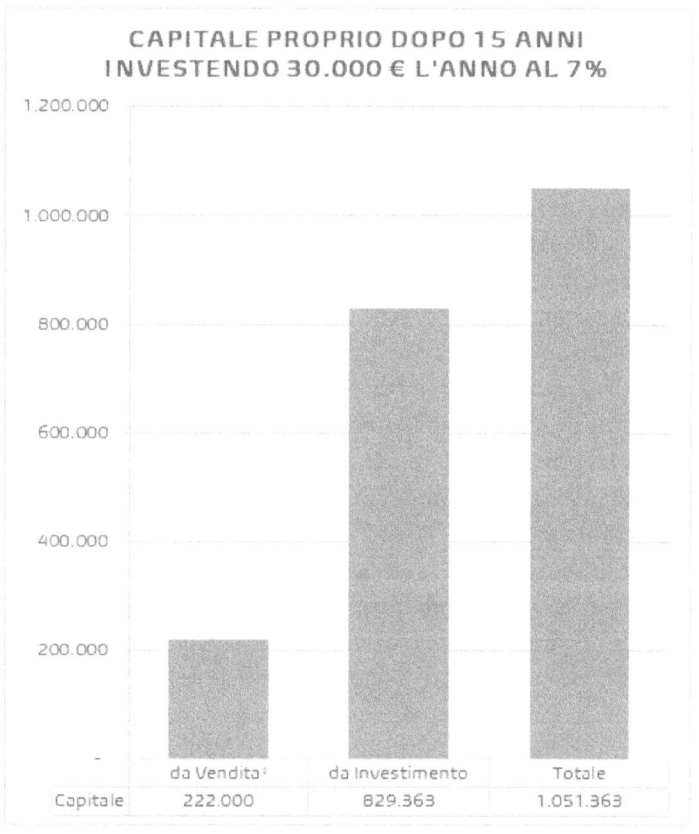

	da Vendita	da Investimento	Totale
Capitale	222.000	829.363	1.051.363

Avrai in portafoglio 222.000 euro provenienti dalla vendita della tua azienda e circa 830.000 provenienti dagli investimenti che hai fatto nei 15 anni precedenti.

Dal calcolo avrai un totale di oltre 1,050.000 euro, niente male!

La cosa si farà ancora più interessante se continuerai ad investire questi 1,050.000 euro al 7%. In questo modo avrai un rendimento lordo di circa 73.500 euro l'anno che, se lo vorrai utilizzare per integrare la pensione, significa più o meno 4.500 euro netti al mese tolte le imposte. Un discreto bonus da aggiungere alla pensione dell'INPS.

50.000 EURO L'ANNO

Facciamo lo stesso calcolo con il rendimento del 7% annuo ma ipotizzando, questa volta, che la tua azienda sia un po' più grande e ti offra la possibilità di investire un utile di 50.000 euro ogni anno.

Anche qui premettiamo che, nel tempo, la capacità di produrre utile rimanga invariata, cioè che la tua azienda non incontri problemi rilevanti, ma che nemmeno cresca.

Ricordati sempre che il calcolo prevede che tu reinvesta il rendimento. Quindi, come abbiamo detto prima, se i primi 50.000 euro ti rendono il 7% alla fine dell'anno, cioè 3.500 euro, questi li investirai di nuovo.

Per essere chiari all'inizio del secondo anno avrai:

- 50.000 euro dall'anno precedente;
- 3.500 euro dal rendimento al 7%;
- altri 50.000 euro dagli utili della tua azienda di quest'anno

Per un totale di 103.500 euro investiti.

Nel grafico seguente puoi vedere l'andamento del capitale di 50.000 euro nei prossimi 15 anni.

Se sarai costante, con un rendimento medio di solo il 7% l'anno raggiungerai un capitale di oltre 1.380.000 euro.

In questo calcolo, come per il precedente, ho tenuto conto anche della tassazione agevolata PEX strettamente favorevole alle aziende.

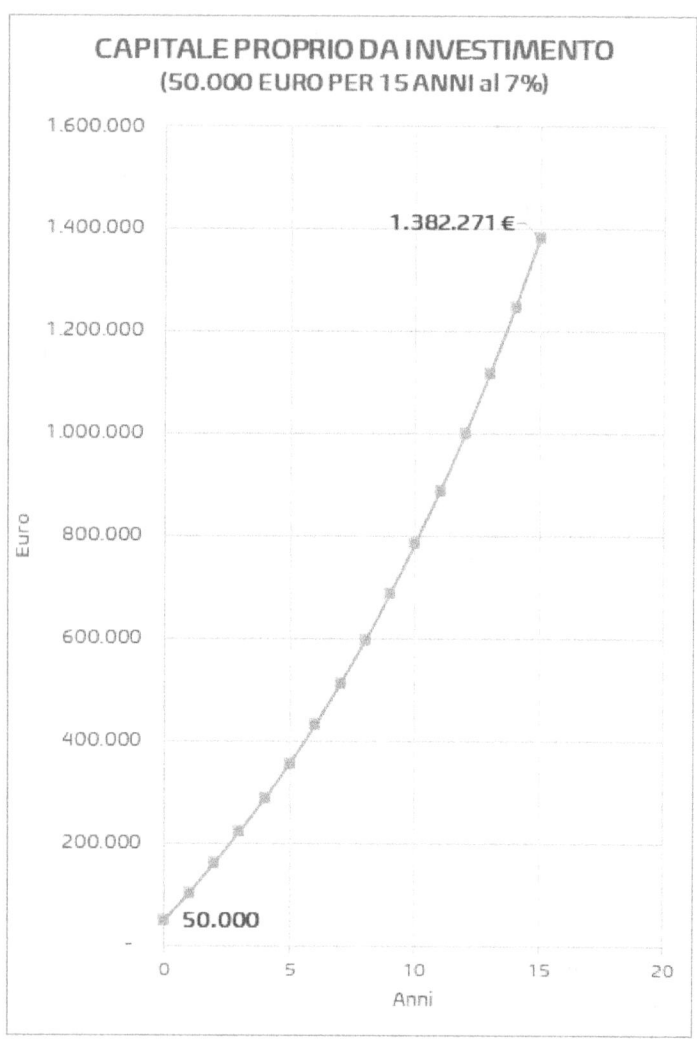

CAPITALE PROPRIO DA INVESTIMENTO
(50.000 EURO PER 15 ANNI al 7%)

1.382.271 €

50.000

Euro

Anni

Dopo 15 anni di duro lavoro, anche in questo caso, decidi di vendere la tua azienda: come prima, vendi il ramo di azienda produttivo e tieni quello che investe.

Supponendo che il ramo produttivo ti stia dando un

utile medio di 50.000 euro, riesci a venderlo, ipotizziamo, a 500.000, che, tolte le imposte di capital gain del 26%, si riduce a 370.000 euro netti.

Facendo i conti il tuo capitale tra 15 anni, quando già ti starai gustando la meritata pensione, sarà strutturato come nel grafico seguente.

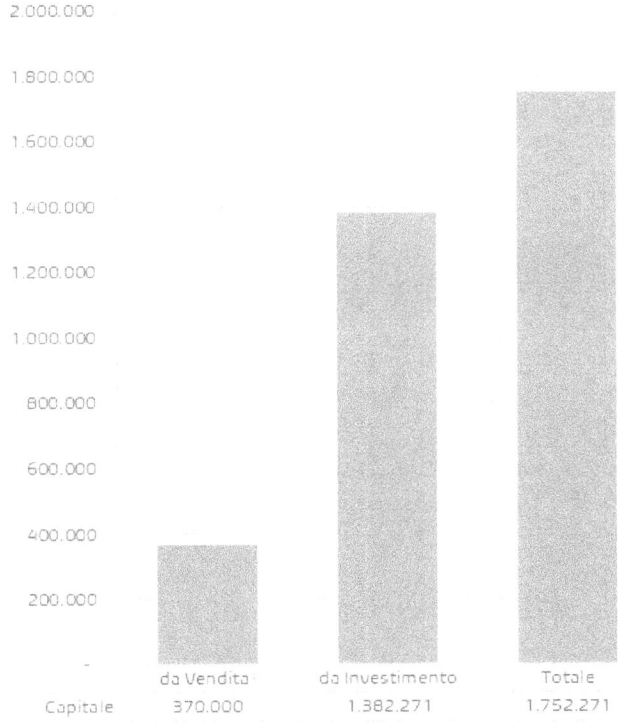

CAPITALE PROPRIO DOPO 15 ANNI
INVESTENDO 50.000 € L'ANNO AL 7%

	da Vendita	da Investimento	Totale
Capitale	370.000	1.382.271	1.752.271

Avrai in portafoglio circa 370.000 euro provenienti dalla vendita della tua azienda e 1.382.000 provenienti dagli investimenti che hai fatto nei 15 anni.

Così avrai un totale di oltre 1.752.000 euro.

Come nell'esempio precedente, anzi meglio.

Anche in questo caso, la cosa interessante è che se continuerai ad investire questi 1.752.000 euro al 7%, avrai un utile di circa 122.600 euro l'anno che si traduce più o meno in 7.560 euro netti al mese. Più la pensione INPS, ovviamente.

LA RETE DI PROTEZIONE

Agendo in questo modo, oltre ad avere un bel capitale per quando deciderai di ritirarti, stai creando una vera e propria rete di protezione per la tua azienda e di conseguenza per te e la tua famiglia.

I capitali investiti costituiscono una riserva di liquidità che potrai sfruttare nei momenti di emergenza. Se per qualche motivo il mercato attraverserà un momento di crisi, allora li potrai far tornare nel ciclo produttivo per dare ossigeno alla tua azienda senza dover ricorrere a prestiti o licenziare il personale o magari chiudere delle linee di produzione.

Nella recente crisi COVID-19, se gli imprenditori che adesso sono in profonda difficoltà avessero adottato una strategia del genere, forse sarebbero ancora in grado di mandare avanti agevolmente la loro azienda invece di essere sull'orlo della bancarotta.

SCEGLIERE LE MIGLIORI AZIENDE

Ritornando ai nostri calcoli descritti sopra tieni conto che li abbiamo sviluppati ipotizzando che tu investa in un indice che replica il Dow Jones.

L'indice, per come è definito, tiene conto sia delle

migliori aziende sia delle peggiori e di tutte quelle nel mezzo. Come vedi, con circa il 7% annuo l'indice Dow Jones è già un ottimo punto di partenza che offre una bella prospettiva.

Adesso prova a pensare a cosa accadrebbe al rendimento medio del 7% se invece tu investissi solo in quelle migliori. Salirebbe di molto, in alcuni casi potrebbe andare anche oltre il 20%.

Selezionare le aziende su cui investire è proprio quello che impareremo a fare utilizzando la semplice formula ideata e testata dall'investitore americano Joel Greenblatt: la formula che sceglie le migliori aziende a prezzo scontato.

Se le cose andranno come sono andate negli ultimi 50 anni, è molto probabile che le soddisfazioni saranno anche molto di più di quelle che avresti ad un tasso del 7% annuo.

Ecco un come si trasformerebbe il tuo capitale con un rendimento di solo il 12% annuo medio sia per l'esempio dei 30.000 euro che per quello dei 50.000 euro.

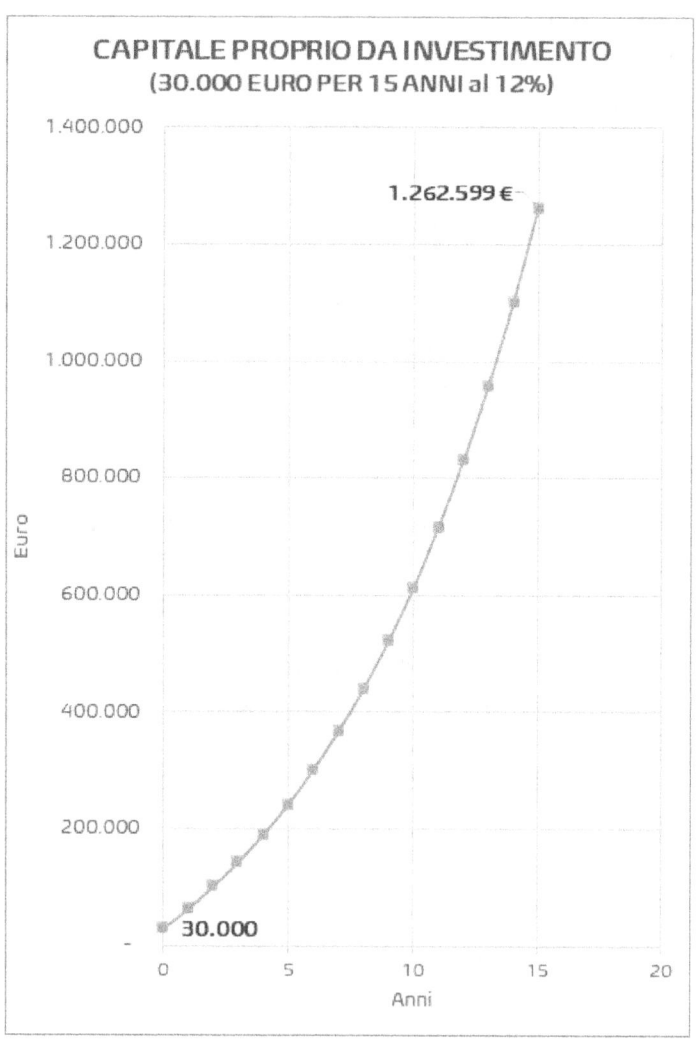

CAPITALE PROPRIO DA INVESTIMENTO
(30.000 EURO PER 15 ANNI al 12%)

1.262.599 €

30.000

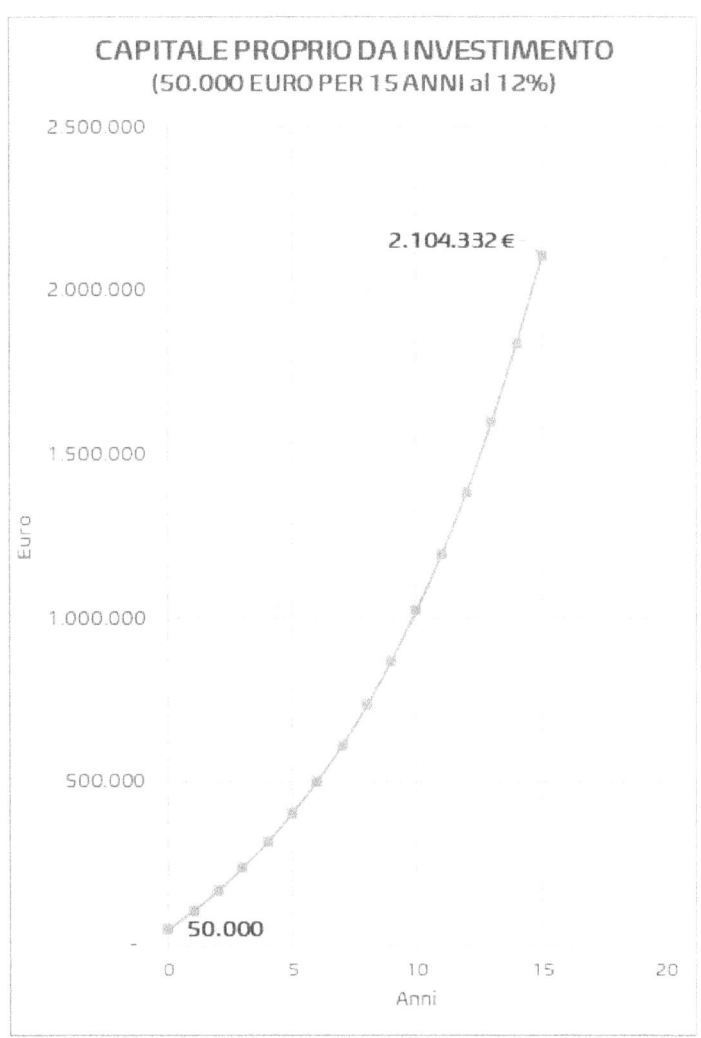

CAPITALE PROPRIO DA INVESTIMENTO
(50.000 EURO PER 15 ANNI al 12%)

2.104.332 €

50.000

UNO STRUMENTO IMPORTANTE NEL TUO ARSENALE DA IMPRENDITORE

Da questa analisi si evince che investire in azioni può effettivamente diventare una componente strategica del tuo business oltre ad essere molto importante per il tuo futuro.

È un'arma nel tuo arsenale da imprenditore che ti permette di potenziare e amplificare il risultato a lungo termine della tua azienda. È come una cassa di risonanza: un piccolo suono che riverbera e si espande fino a diventare molto più potente.

Se desideri di moltiplicare i risultati del tuo lavoro non puoi oggettivamente farne a meno.

È come la leva che inventò Archimede per sollevare grandi pesi. Investire sarà la tua leva che ti permetterà di aumentare esponenzialmente gli effetti del tuo lavoro e quello della tua azienda.

Riflettiamo insieme su queste semplici considerazioni:

- Perché aggiungi un nuovo prodotto o un nuovo servizio da offrire ai tuoi clienti?
Lo fai per far crescere la tua azienda.

- Perché assumi dei nuovi collaboratori?
Lo fai per far crescere la tua azienda.

- Perché acquisti dei mezzi e degli impianti?
Lo fai per far crescere la tua azienda.

Queste sono solo alcune delle attività della strategia d'impresa che un buon imprenditore dovrebbe conoscere ed applicare. Sono azioni indispensabili per crescere, per espandere la quota di mercato e per far prosperare la tua azienda.

Allo stesso modo il flusso finanziario che dedicherai agli investimenti azionari è una strategia che affianca e completa le scelte classiche della gestione d'impresa al fine di espanderti e prosperare.

Mentre nella tua azienda sono le persone, i mezzi e gli impianti a generare più ricchezza, nel caso dell'investimento in azioni saranno "i soldi a generare altri soldi".

E questo nuovo "motore", una volta avviato, funzionerà insieme alla tua attività giorno dopo giorno, con un minimo impegno.

All'inizio sarà un motore piccolo, con poca potenza, ma negli anni crescerà fino a diventare molto potente. A quel punto il tuo business sarà un po' come quei treni merci che hanno due potenti locomotive che trainano una lunghissima fila di vagoni per migliaia di chilometri senza sosta, praticamente impossibile da fermare.

PERCHÉ RINUNCIARE ALLA FETTA PIÙ GRANDE?

Puoi anche decidere di non investire, in fondo forse pensi che dopotutto non faccia al caso tuo. Ma sarebbe come rinunciare a metà dei frutti di un albero che hai impiegato una vita a far crescere. Come rinunciare ad una locomotiva, o alla fetta (come abbiamo visto prima, quella più grande) della torta che hai preparato con le tue mani e con la tua passione.

Le azioni sono rischiose?

In fondo, per un investitore, non dovrebbe esserci nulla di più importante che dormire bene la notte.

Seth Klarman

Mi ha fatto questa domanda mia moglie qualche tempo fa.

Ho cercato di spiegarle, senza termini troppo tecnici, perché in realtà sono molto meno rischiose rispetto ad avere un'unica impresa o un unico negozio, o anche il solo lavoro da dipendente.

Per capire bene il concetto di rischio nell'investire nel mercato azionario dobbiamo introdurre l'idea, che approfondiremo più avanti, che le azioni sono la proprietà di una parte di una azienda. Se possiedi delle azioni di una società allora a tutti gli effetti tu sei un socio.

Fai conto che tu sia il proprietario della bancarella di frutta e verdura di un mercato di quartiere. Magari per molti anni le cose sono andate bene, avevi tanti clienti e hai prosperato insieme agli altri soci.

Poi un giorno scopri che in fondo alla strada stanno costruendo un ipermercato gigantesco. Il rischio che il tuo banco di frutta e verdura perda tanti clienti è molto alto. Direi che è quasi una certezza. Direi che forse non riusciresti a dormire così bene come prima.

Adesso supponi invece che, oltre al tuo banco di frutta e verdura, sei anche socio di:

- una rivendita tabacchi;
- un bar;
- un rivenditore di materiali edili;
- una società di pulizie;
- una termoidraulica;
- una falegnameria;
- un'officina di riparazione auto;
- un chiosco gelati.

Tutti distribuiti in varie parti della città.

Se il tuo banco di frutta e verdura dovesse subire un duro colpo dalla concorrenza avresti comunque tutte le altre attività che ti proteggerebbero, continuando a farti guadagnare. Come si dice in gergo hai "diversificato" il Rischio d'Impresa. Oppure per fare una similitudine hai creato una rete di sicurezza, proprio come quella degli acrobati del circo che se cadono non possono farsi male.

RIDURRE IL RISCHIO DI AVERE SOLO UN'AZIENDA

Ti diranno probabilmente, come è accaduto a me tanti anni fa, che non si può fare. Che investire in azioni è rischioso.

La realtà non è così. E lo dimostrano tutti quei grandi investitori che hanno creato fortune investendo in azioni.

Chi ti dice che investire in azioni è rischioso allora non si rende conto, o non sa, che questo rischio, il Rischio d'Impresa, tu lo stai già correndo: stai investendo i tuoi soldi, il tuo tempo e le tue energie nella tua azienda.

Investire in azioni non è altro che investire in altre aziende oltre la tua. Il tipo di rischio per ognuna è esattamente lo stesso, ma diversificando, il Rischio d'Impresa totale diminuisce. I tuoi capitali sono più al sicuro. Le probabilità che tutte le aziende di cui sei proprietario o azionista subiscano gravi perdite si riduce fin quasi a zero. In gergo ingegneristico stai "mettendo in sicurezza" i tuoi capitali, cosa che non fai se continua ad avere un'unica azienda.

Proprio perché stai diversificando gli investimenti su aziende di qualità, potrai dormire sonni molto più tranquilli.

Quindi con le azioni starai a tutti gli effetti riducendo il rischio di perdita e non aumentandolo, e contemporaneamente starai anche consolidando la tua posizione costruendo quel gradino per passare di livello.

Tutti gli imprenditori di alto livello investono parte delle loro finanze in altre aziende oltre la propria. Sanno bene che i mercati sono rischiosi e che distribuendo il proprio capitale su più aziende il rischio si riduce drasticamente.

Mi piace anche vederla sotto un'altra angolazione. Se ci pensi bene acquistare le azioni delle migliori società, oltre a diversificare il rischio, presenta un altro grande vantaggio: dei manager super preparati che lavorano per te.

Se compri le azioni di una società compri una frazione di tutto. Dai mezzi agli impianti, dalla forza lavoro ai canali commerciali, dai marchi ai brevetti.

E come ben sappiamo tutto il sistema, tutta l'organizzazione vale e produce molto di più rispetto alla somma delle singole parti. E di questo insieme fanno parte anche i manager di medio e alto livello dell'azienda.

Tale aspetto non è da sottovalutare perché questi manager non stanno lì per perdere tempo, anzi sono spesso persone talentuose laureate nelle migliori università del mondo. Ogni giorno cercano (sabato, domenica e molto spesso festività comprese) di spingere l'azienda per farla andare sempre meglio, farla produrre di più e quindi di far guadagnare di più anche gli azionisti.

Sia chiaro che i manager in genere non sono dei benefattori, hanno stipendi da capogiro, auto di lusso e jet privati. Ma proprio per questo molti tendono a voler conservare il posto facendo felici noi azionisti per cui in definitiva lavorano.

Semplice ma non banale

$E=mc^2$

Albert Einstein

Riassumendo quello che abbiamo detto fin qui alla fine del libro avrai acquisito degli strumenti per essere in grado di costruire un portafoglio azionario che nel tempo darà i suoi frutti e che, probabilmente, diventerà una importante componente del patrimonio della tua famiglia.

In pratica sarai in grado di creare il tuo personale "fondo di investimento" ad alto rendimento:

1. da solo;
2. senza consulenti;
3. senza intermediari;
4. fiscalmente (molto) efficiente.

Imparerai una strategia semplice per creare il tuo portafoglio di ottime aziende che, nel lungo termine, batterà il mercato e farà crescere il tuo patrimonio. Una volta capita la tecnica, sarà solo questione di costanza negli anni. Non ti impiegherà più di un paio di ore al mese ed il resto del tempo lo potrai continuare a dedicare alla tua azienda.

Certo si può fare di meglio, si può essere più precisi nella scelta degli investimenti. Ma, da quando studio e pratico la disciplina (c'è chi la chiama "arte") dell'investire, non ho mai trovato un campo che sia contemporaneamente così scientifico ed al contempo così approssimativo, impreciso e, spesso, imprevedibile.

Per fare di meglio e per essere più precisi nella scelta degli investimenti occorre un'applicazione ed una costanza che la maggior parte degli imprenditori, dovendo seguire la propria azienda, non può permettersi.

La curva di apprendimento in questo campo è molto piatta. Occorre moltissimo tempo ed esperienza per affinare le conoscenze necessarie per ridurre gli errori e raggiungere rendimenti ancora più elevati. Per questa ragione ciò che imparerai non sarà certo il modo perfetto per ottenere i più alti rendimenti possibili, non diventerai un guru della finanza.

Imparerai però ciò che ti occorre per raggiungere il giusto compromesso tra tempo, impegno e risultati. E, come ti mostrerò nei capitoli successivi, avrai dei rendimenti molto più elevati di schiere di professionisti dell'industria della finanza.

Un telecomando con
un solo pulsante

*La differenza tra le persone di successo e le persone di grande
successo è che queste ultime dicono di no a praticamente tutto.*

Warren Buffett

Ti sei mai chiesto quanti pulsanti usi del
telecomando della tua TV?

Mentre scrivevo questo capitolo, per curiosità
ho contato quelli del mio televisore.

Ne ha addirittura 49!

Ci sono ben 49 pulsanti, alcuni colorati, altri neri, altri
con delle scritte che, ahimè, ho bisogno degli occhiali per
leggerle.

Di questi 49 pulsanti ho stimato che ne utilizzo con
una certa frequenza solo una ventina.

Ma quanti pulsanti ci occorrono veramente per vedere
un film?

Facciamo un rapido calcolo, in realtà ne occorrono:

-   uno per l'accensione e lo spegnimento;
-   due per il volume;
-   due per cambiare canale (avanti/indietro).

Se poi vogliamo accedere ai vari Netflix, Prime Video, Disney+, ecc. allora ci occorrono ancora:

- Uno per accedere al menù "smart";
- Quattro per spostare il cursore (sopra, sotto, destra, sinistra)
- Uno per selezionare (il tasto OK)
- Uno per tornare indietro.

In tutto, per vedere un film, ci occorrono effettivamente solo 12 tasti: il 24% di tutti quelli disponibili. Mentre il nostro telecomando ne ha altri 37 (il 76%) che in realtà useremo solo raramente.

Mia suocera, che preferisce guardare solo la televisione tradizionale, ha in realtà bisogno di soli 5 pulsanti (non ne usa il 90%!).

Ed effettivamente spesso la trovo abbastanza perplessa sia per la quantità ("ma a cosa servono questi pulsantini gialli e blu?"), sia per la conseguenza che i progettisti, dovendo mettere 49 pulsanti su un telecomando, per forza ne sacrificano le dimensioni e li rendono più difficili da usare.

Spesso penso di essere, almeno su questo, un po' come mia suocera.

Oltre ai pulsanti del telecomando, ad esempio mi rendo conto di essere un tipo che, quando va in pizzeria, a volte si sente confuso.

Non so se anche a te capita la stessa cosa, ma quando il cameriere porta un menù con pagine piene zeppe di decine di pizze differenti, ognuna con un nome dal suono ricercato, ma di nessun aiuto e con ben tre righe in piccolo di ingredienti, mi sento un poco perso.

Aiuto! Leggere ed arrivare in fondo a questi menù mi

sembra una delle imprese più difficili della giornata! Forse sono fatti apposta: magari il gestore ha pensato che una coppia che ha poco da dirsi potrebbe passare la serata a leggere il menù.

Non solo dovrei leggere tutti gli ingredienti per capire che cosa sia effettivamente l'una o l'altra pizza, ma anche immaginarmi il sapore che possono avere.

E se quel sapore sia meglio con la sfumatura della farina ai cinque cereali oppure con l'impasto napoletano.

In queste situazioni mi prende una forma di pigrizia primordiale, ma alla fine, invariabilmente, al cameriere chiedo, "una capricciosa, quella classica, la potete fare?", e risolvo così, senza infamia e senza lode, una scelta un po' complicata.

Investire è un po' la stessa cosa.

Confonde ed è complicato, in genere.

Esistono infiniti modi e strategie per investire: strumenti dai più comuni (i BTP, le azioni) ai più complessi (le opzioni, i CFD, ecc.).

Esistono strumenti che noi piccoli investitori non potremmo mai utilizzare (come ad esempio i syndicated loans, i CDS, i pacchetti di crediti NPL, ecc.), e ne esistono altri che sono per tutti.

Addirittura, ti pagano per utilizzarli: quando abbocchi all'amo dei broker del forex, ad esempio, i più disinvolti ti offrono del denaro da utilizzare sul conto per cominciare a "tradare".

Penso che nessun investitore di Wall Street o di altre parti del mondo conosca a fondo tutti gli strumenti finanziari disponibili. Se ne creano di nuovi tutti i giorni.

Il mondo degli investimenti è come un telecomando con migliaia di tasti. È una pizzeria che ti offre un menù di mille pagine.

Per ognuna di queste pizze devi sapere che sapore hanno i vari ingredienti e come sono miscelati, e se tutti insieme funzionano per darti qualcosa che rientra nelle tue aspettative, che fa al caso tuo.

Ma hai tempo e voglia di approfondire tutto questo?

È un lavoro a tempo pieno, molto complesso e che ha bisogno di anni e anni di esperienza.

Vuoi diventare un investitore oppure continuare ad essere un imprenditore concentrato a far crescere la propria azienda?

Vuoi avere uno strumento che ti permetta di diversificare senza abbandonare la tua occupazione principale, oppure vuoi dedicarti alla valutazione delle aziende, al trading, ecc.?

Sul tuo telecomando quanti pulsanti vuoi?

Quanti te ne occorrono veramente?

Quanti hai veramente il tempo di utilizzare a fondo e in modo efficace?

Continuando a leggere ti insegnerò ad utilizzarne, indovina un po'?

Uno solo!

Si, alla fine avrai un telecomando con un solo pulsante, o, se vuoi, un menù con un solo tipo di pizza. E neanche una capricciosa, ci sono troppi gusti, direi più che altro una margherita, classica.

Troppo semplice?

La cosa bella è che per la maggior parte degli imprenditori è più che sufficiente.

Mangerai una margherita, è vero.

Ma potrai sempre dire che sei stato in pizzeria, la pizza era classica ma buona e, in fondo, hai raggiunto dei risultati estremamente interessanti per le tue finanze.

Se poi deciderai di approfondire il mondo degli investimenti, alla fine del libro troverai una bibliografia da cui potrai prendere spunto.

Ma la cosa importante è di non perdere di vista l'obiettivo.

Il tuo obiettivo, da imprenditore, dovrebbe essere quello di <u>diversificare l'investimento con una strategia a lungo termine, semplice ed efficace</u> per ridurre il rischio d'impresa.

La "Formula Magica" di Joel Greenblatt

Il segreto per fare denaro sta nell'acquistare buone aziende ad un prezzo d'occasione.

Joel Greenblatt

La strategia di investimento che stiamo per esaminare si basa sulla famosa "Magic Formula", la formula magica, ideata, ampiamente testata ed utilizzata da Joel Greenblatt.

Greenblatt è professore alla Columbia University e co-fondatore del fondo di investimento Gotham Capital dove ha ottenuto un rendimento annuo medio del 50% per molti anni di seguito. È un investitore della scuola "value investing" che cerca aziende il cui valore è molto superiore al prezzo di mercato attuale. Seguendo questo principio:

1. È più probabile che le azioni salgano di prezzo una volta che il mercato ne ha riconosciuto l'effettivo valore;
2. Si può contare sul cosiddetto "Margine di Sicurezza" cioè la possibilità di perdita dell'investimento è di gran lunga inferiore rispetto

a quella di guadagno (il rapporto Risk/Reward).

Greenblatt descrive per la prima volta la sua Magic Formula nel 2006 nel suo ormai famoso libro "Il piccolo libro che batte il mercato azionario". In questo libro spiega, in modo semplice e per chi non è un esperto analista finanziario, come selezionare in modo quasi automatico le aziende:

- che hanno business di qualità;
- che sono attualmente scontate dal mercato.

Con questa formula, testata in molteplici situazioni e periodi temporali, Greenblatt ha dimostrato che si possono raggiungere dei rendimenti ben più alti rispetto a quelli raggiungibili con un fondo indicizzato (un fondo che riproduce fedelmente l'andamento di un indice di borsa come, ad esempio, il Nasdaq o lo S&P 500).

Il libro, che ti suggerisco vivamente di leggere se vuoi approfondire ancora di più la visione dell'autore, spiega in modo dettagliato e molto scorrevole quali sono le ragioni pratiche del perché la formula funziona in tutte le condizioni di mercato. Nel libro troverai anche tutti i test, e le relative tabelle, effettuati da Greenblatt nel corso dei 17 anni in cui l'ha provata.

IL VANTAGGIO DELL'INVESTITORE FAI-DA-TE

Un aspetto che ho trovato molto interessante e che è trattato ampiamente nel libro di Greenblatt è la ragione per cui gli investitori fai-da-te hanno un consistente vantaggio sui gestori dei grandi fondi di investimento.

In realtà questo è un tema che ricorre molto spesso nella letteratura che tratta degli investimenti, specialmente in quella di chi segue la così detta disciplina del "value investing" di cui, come ho detto, Greenblatt è un convinto esponente.

Lo stesso Warren Buffett, nonostante il suo indubbio successo che dura da oltre 60 anni, ha affermato più volte che il piccolo investitore (per inciso rispetto a lui siamo tutti piccoli, visto che Buffett possiede attualmente un patrimonio personale di circa 84 miliardi di dollari che lo rende il quarto uomo più ricco del mondo) può avere dei notevoli vantaggi su eserciti di manager super intelligenti con lauree dalle più blasonate università.

UNA SCOMMESSA DA UN MILIONE DI DOLLARI

Buffett ritiene che "guadagnare nel mercato azionario non richieda puoi una grande intelligenza, una laurea in economia e neanche capire il linguaggio di Wall Street. Quello di cui un investitore ha bisogno è l'abilità di non farsi condizionare dalla paura o dall'entusiasmo e invece di focalizzassi su pochi semplici principi fondamentali".

Buffett nel 2008 lanciò una famosa scommessa.

Puntò un milione di dollari scommettendo che in dieci anni i fondi di investimento gestiti non sarebbero riusciti a battere l'indice S&P 500 (che è uno degli indici di riferimento più conosciuti e importanti del mercato azionario americano).

Nel 2018, dopo dieci anni, indovina cosa accadde?

I fondi di investimento gestiti avevano ottenuto un guadagno del 36%, l'indice S&P 500 del 125,8%!

Nel primo anno erano partiti alla grande superando di molto l'indice di riferimento. Ma poi tutto finì e successivamente persero il terreno guadagnato fino a rimanere indietro irrimediabilmente.

Fu un bel colpo all'orgoglio dell'industria della finanza gestita.

In pratica questo significa che investendo su un indice, dove non c'è un esercito di manager super pagati a decidere quali azioni comprare o vendere, si guadagna molto di più che facendo gestire i propri soldi ad un fondo di investimento.

E si rischia anche di meno.

Mi chiedo se non fosse il caso di tenere a mente la scommessa vinta da Buffett la prossima volta che la tua banca ti propone un investimento…

INTERESSI NON ALLINEATI

Il problema dei fondi di investimento è che di base gli interessi del gestore del fondo e gli interessi dell'investitore (ovvero tu) non sono generalmente allineati. Non coincidono.

Questa realtà affonda le sue radici in due ragioni principali.

La prima ragione è dovuta all'orizzonte temporale.

I fondi di investimento cercano dei rendimenti, e quindi dei guadagni, nel breve termine. Molto spesso i rendiconti finanziari di tali fondi sono mensili o settimanali se non giornalieri e gli investitori possono confrontare facilmente le performance tra più fondi di investimento. In questo modo i clienti mettono sotto pressione i gestori che devono quindi scegliere gli investimenti secondo una logica di breve termine altrimenti si vedrebbero ridurre i capitali gestiti. Figurati come potresti lavorare se avessi qualcuno che ogni settimana o addirittura ogni giorno confrontasse i risultati della tua azienda con quelli dei concorrenti. E magari anche minacciandoti di ritirare i suoi investimenti se non fosse soddisfatto.

La reazione logica sarebbe che chiunque di noi probabilmente si impegnerebbe ad intraprendere delle scelte per migliorare i risultati nel breve termine con grande detrimento delle prestazioni nel lungo termine. Facendo così l'azienda che gestiamo diventerebbe più fragile e, sul lungo periodo, meno competitiva. Ne sarebbe danneggiata profondamente.

La seconda ragione è un po' più venale.

L'industria della finanza e dei capitali gestiti è tra le più redditizie al mondo. In effetti i gestori di fondi (Banche, Società di Gestione del Risparmio, Fondi di investimento, ecc.) raccolgono miliardi di dollari ed euro di tantissimi risparmiatori ed investitori privati ma, e questa è la parte più ironica, loro non perdono mai.

I gestori, infatti, guadagnano sulle così dette "fees" cioè le commissioni di ingresso (e spesso anche di uscita) che tu, come investitore, devi pagare se vuoi dare i tuoi soldi in gestione.

Non so se ricordi una delle scene iniziali del film "The Wolf of Wall Street".

Leonardo Di Caprio, nella parte di un giovane e alle prime armi Jordan Belfort, si trova a pranzo con il suo capo, un broker azionario di nome Mark Hanna (interpretato da un magistrale Matthew McConaughey) che gli dice:

"La regola numero uno è spostare i soldi dei nostri clienti e metterli nelle nostre tasche".

Belfort/Di Caprio replica, timidamente: "Certo! Ma se ne fai entrare un po' nelle tasche del tuo cliente è vantaggioso per tutti…".

La risposta del suo capo è un laconico e significativo

"No, no"

Da come procede poi il film si capisce che Jordan Belfort questa lezione l'ha imparata molto bene. Però, nel caso avessi visto il film, non voglio rovinarti la sorpresa.

Questo è un esempio, magari un po' esagerato, di come in effetti gli interessi tra i clienti e i gestori spesso vadano in direzioni opposte.

Ma a volte la realtà può essere anche più bizzarra dei film.

Da un'indagine di Il Sole 24 Ore (Plus24 del 9 febbraio 2019) emerge che le commissioni di ingresso per i fondi di investimento gestiti italiani possono raggiungere anche il 10%. Quindi in parole povere se tu dai a questi signori 100.000 euro loro te ne investono solo 90.000 mentre 10.000 se li tengono, così tanto per iniziare. Ma non è finita qui.

Ai costi di ingresso poi sono da aggiungere le spese annuali ricorrenti che possono variare dallo 0,75% al 3,63%. Tutto questo indipendentemente dall'effettivo rendimento, che non giustifica di certo questi costi.

Se il fondo ha perso (i tuoi soldi) o ha guadagnato comunque tu paghi le spese di gestione.

Supponiamo che l'anno in cui tu decidi di dare fiducia ad uno di questi fondi di investimento il gestore purtroppo è un po' sfortunato e gli investimenti che sceglie non guadagnano nulla, allora i tuoi 100.000 euro a fine anno potrebbero essere diventati 92.500. Solo perché li hai dati a loro.

Nel caso il fondo avesse avuto una "performance" positiva, cioè ti avrebbe fatto guadagnare, allora al tuo profitto devi comunque togliere, oltre alle spese fisse di cui sopra, anche un premio di rendimento, in genere oltre il 25% di quello che ti ha fatto guadagnare.

A fronte di questi costi così elevati ci si aspetterebbe

che investendo i nostri capitali in questi fondi almeno i gestori raggiungano dei rendimenti stellari, del tipo: costano ma sono proprio bravi e mi fanno guadagnare un sacco di soldi!

Ma non è proprio così...

Sempre Il Sole 24 Ore ha calcolato che negli ultimi dieci anni, se avessi dato in gestione i tuoi risparmi ad un fondo italiano di investimento azionario, ti avrebbe reso circa il 6,1% annuo lordo a cui togliere ben il 36% per i costi di gestione oltre alle imposte ovviamente.

Seppure non esattamente incoraggiante, questa prestazione ha dello strabiliante se confrontata ai risultati dei fondi pensione privati italiani.

Dal 2007 al 2020 gli indici azionari mondiali hanno guadagnato in media il 97,5% (Indice MSCI World TR). Un'altra indagine (Plus24 di giugno 2020) ha messo a confronto per lo stesso periodo di tredici anni i risultati dei fondi pensione italiani gestiti.

Il risultato è stato davvero poco lusinghiero per i tanti gestori che hanno dimostrato di non saper fare meglio del mercato, almeno riguardo agli interessi dei loro investitori. Infatti, nello stesso periodo i fondi pensione migliori si sono attestati su poco più del 50% (quasi la metà dell'indice di mercato) mentre alcuni hanno addirittura perso il 2%!

Tutti questi numeri ti aiutano a capire perché, in effetti, gli interessi dei gestori dei fondi di investimento molto spesso non sono allineati con i tuoi.

Ma questa è una vecchia storia. Già nel 1940 Fred Schwed si chiedeva, nel suo famoso e dissacrante libro sul mondo di Wall Street, ma "Dove sono gli Yacht dei clienti?".

COME INVESTIRE?

Quindi, per ricapitolare, se vuoi investire i tuoi capitali allora i fondi indicizzati (cioè che riflettono l'andamento di un indice di mercato) rendono molto di più in genere dei fondi di investimento gestiti e sono molto più economici (parliamo di 0,1-0,2% contro fino al 10-13% dei fondi gestiti).

Ma la "Magic Formula" ideata da Joel Greenblatt ti permettere di creare il tuo fondo di investimento personale con dei rendimenti molto più elevati di quelli dei fondi indicizzati, ed ovviamente senza praticamente costi.

Tutto quello che devi sapere per iniziare ad investire

Quando non c'è nulla di intelligente da fare, l'errore più grande è quello di cercare di essere ancora più intelligenti.

Howard Marks

S e non hai mai investito in azioni, tutto quello che sai probabilmente è sbagliato.

Dimentica le scene che si vedono in tv! Le persone che gridano, che fanno gesti incomprensibili con le mani, i tabelloni con i prezzi che scorrono. Questa è roba da film.

Ormai tutto scorre attraverso i terminali dei computer alla velocità del più potente processore.

La tecnologia si è talmente evoluta che molto spesso sono gli stessi computer che effettuano le transazioni di compravendita.

Esistono delle società di trading veloce che fanno il cosiddetto "arbitraggio" sulla minima differenza di prezzi tra due differenti Borse per lo stesso titolo.

La velocità di risposta è nei millisecondi. Quindi non

può essere gestita da un essere umano.

Queste società fanno a gara per occupare gli uffici più vicini ai server delle Borse in modo tale che la loro risposta sia più rapida permettendogli di guadagnare più di chi sta a qualche chilometro di distanza.

Ma tutto questo a noi non interessa.

Altra immagine classica è quella del "trader", di cui abbiamo già parlato, che passa la giornata di fronte a due, tre, quattro o più schermi con grafici colorati e tabelle di ogni tipo.

Questi professionisti acquistano e vendono anche più volte in un giorno cercando di capire come vanno i mercati in base ai grafici.

LE AZIONI IN REALTÀ RAPPRESENTANO LE AZIENDE

La prima volta che lessi un libro su come guadagnare in Borsa rimasi alquanto confuso. Non capivo assolutamente nulla di quali fossero i punti chiave da tenere in considerazione: prezzi di chiusura, analisi tecnica, supporti, resistenze, costo del capitale, news, earning surprise e così via. L'autore spaziava da un concetto astruso all'altro e, anche dopo averlo letto a fondo per due volte, il libro mi rimase alquanto criptico, nonostante fosse allora uno di quelli di riferimento in Italia.

Alla fine, sconcertato da tanta difficoltà, decisi che forse il mercato azionario non faceva per me.

Poi ho incontrato Warren Buffett.

Buffett è probabilmente il più grande investitore della storia. È conosciuto, oltre che per la sua superiore capacità di scovare ottime aziende, anche per spiegare i concetti di investimento in modo semplice e chiaro.

Ricominciai a studiare, ma questa volta partendo da uno dei più importanti consigli di Warren Buffett: un'azione non è un numero e nemmeno un grafico, ma rappresenta un pezzettino, una parte, di un business.

Come imprenditore sai bene di cosa sto parlando. Dietro al Certificato Azionario (un tempo cartaceo, oggi elettronico) che attesta la proprietà, in realtà c'è una società con:

- i suoi beni (tangibili ed intangibili)
- i suoi crediti
- i suoi debiti
- l'organizzazione più o meno complessa
- le persone (i dipendenti, i manager, i fornitori, ecc.)
- i clienti
- ecc.

Non solo, ci sono la sua storia, gli errori e i successi, il mercato di riferimento, i concorrenti, le strategie e le prospettive di sviluppo.

Quando acquisti le azioni di una società stai comprando tutto questo (nel gergo si chiama "Catena del Valore"). Stai acquistando una frazione della capacità di un'organizzazione di mettere insieme materie prime, processi, capacità intellettive ed organizzative per dare vita ad un prodotto o un servizio che dei clienti sono disposti ad acquistare ad un prezzo superiore alla somma di tutte le parti.

Questa è la mentalità del "business owner", cioè dell'imprenditore. Ed il segreto, se così vogliamo chiamarlo, è proprio quello di acquistare azioni come se stessi acquistando la società.

Acquisteresti una società in perdita ad un prezzo astronomico?

Probabilmente no.

Mi auguro che tu non lo faccia neanche se quella società fosse sulla bocca di tutti, il prezzo stesse salendo e ne stessero decantando le lodi i giornali, i siti web, ecc.

A dirla così sembra assurdo, ma ti assicuro che operazioni di questo tipo se ne vedono tutti i giorni.

Magari invece, se trovassi una società che ha un utile stabile nel tempo, che ha un buon prodotto e che ha un prezzo interessante forse ci penseresti. È questo il principio di investire secondo il valore.

LA TERZA REGOLA PER INVESTIRE

Alle due regole per investire di Warren Buffett: 1 - Non perdere mai soldi, 2 - Non dimenticare mai la regola numero uno, abbiamo intuito che ne esiste un'altra altrettanto fondamentale.

Anche questa terza regola ci accompagnerà per tutto il libro e, spero, anche per tutta la tua carriera da investitore:

Regola numero tre per investire: "Dietro alle azioni ci sono delle aziende. Quando compri un'azione in realtà stai comprando una parte di un'azienda".

Il vantaggio dell'imprenditore

Chi vive in cerca della sfera di cristallo finirà per nutrirsi delle schegge di vetro.

Ray Dalio

Cicerone diceva "simile cum similibus", che tradurrei liberamente in: i simili preferiscono i loro simili. Probabilmente per questo inconsciamente ho deciso di condividere le mie conoscenze e la mia esperienza sugli investimenti azionari con altri imprenditori come me.

A parte l'affinità professionale mi sono reso conto che essere imprenditori gioca a favore di chi vuole investire.

Sì, perché investire in azioni, come dice la terza regola dell'investitore, non è altro che acquistare una frazione di un'altra azienda. Questo abbiamo imparato che dovrebbe essere il criterio costante ed immutabile con cui scegliere il tuo investimento se vuoi diventare un buon investitore: scegli l'azienda non le azioni.

È importante approfondire questa riflessione quindi, se avrai la pazienza di seguirmi nei prossimi paragrafi ti renderai conto del perché, in quanto imprenditore, hai già un asso nella manica.

INVESTIRE CONSIDERANDO IL VALORE DELL'AZIENDA

Guardano i prezzi delle azioni delle società nell'arco di un qualsiasi periodo ci rendiamo conto che non rimangono mai allo stesso livello. Ad esempio, nel 2019 le azioni dell'Enel Spa hanno oscillato da 5,18 euro a 7,16. Le azioni di Poste Spa hanno oscillato tra 7,01 e 10,99. Quelle di Ferrari tra 87,17 e 148,98. Ma perché?

Un aneddoto racconta che dopo un particolare evento di rilevanza nazionale un giornalista osò chiedere a J.P. Morgan, il famoso banchiere americano del secolo scorso, cosa avrebbero fatto le azioni. La risposta secca e sprezzante fu: "ovviamente continueranno ad oscillare!".

I mercati azionari in effetti "oscillano", salgono e scendono in continuazione. Lo stesso vale per i prezzi delle singole azioni delle varie società quotate.

I mercati sono spinti da forze che sono a volte molto razionali, altre volte invece estremamente irrazionali.

Uno dei primi "guru" degli investimenti azionari, Benjamin Graham, per poter descrivere questa irrazionalità, inventò la figura di "Mr. Market".

Come imprenditori questa metafora fa proprio al caso nostro. Fai conto che un giorno incontri un certo Mr. Market che vuole comprare la tua azienda. Ti sembra subito un tipo un po' strano. Non gli mancano i soldi, anzi ne ha a palate. Però un giorno ti offre di acquistarla ad un prezzo, il giorno dopo te ne propone uno ancora più alto. Poi, dopo una settimana, lo abbassa di colpo per poi farlo risalire ancora. Ma la tua azienda in tutto questo tempo è rimasta sempre la stessa, allora perché questo strano tipo mi offre ogni volta un prezzo diverso?

Questo comportamento, come puoi renderti conto, ha poco senso. Non solo le vendite e gli utili, ma anche i tuoi collaboratori, la rete di clienti e fornitori, gli impianti, gli uffici, insomma tutto quello che fa parte della tua azienda, non cambiano rapidamente e di giorno in giorno. Sono molto stabili, e spesso lo rimangono non solo per mesi, ma anche per anni.

Anche le prospettive di guadagno futuro non oscillano di giorno in giorno. I costi di produzione non variano in una settimana o nella successiva.

Tutti i così detti "fattori di produzione" (termine che piace molto agli accademici) oscillano o cambiano nel giro di mesi o anni. Questo vale per la tua azienda, ma ancora di più, data la loro dimensione, per le grandi aziende quotate.

E allora perché i prezzi delle azioni oscillano così tanto?

Semplice. Perché il mercato è come Mr. Market, lunatico e maniaco-depressivo. Passa velocemente da momenti di euforia a momenti di paura.

La crisi del COVID-19 è stata un altro esempio eclatante. Ad un certo punto i mercati sono scesi di oltre il 33% per poi, come abbiamo visto, riprendersi velocemente.

Ma il prezzo delle azioni di molte aziende è sceso anche più giù. Fiat Chrysler ha perso addirittura la metà del valore. Strano, considerando che è entrata nella crisi senza praticamente alcun debito in bilancio e appena risanata egregiamente dal compianto Sergio Marchionne.

Il valore di un'azienda si misura sui profitti nei prossimi dieci, venti anni. Chi conosce i metodi di valutazione delle aziende, sa bene che i profitti di un anno rappresentano solo una piccola parte, spesso molto meno del 5%, del valore totale di un'azienda.

Anche supponendo lo scenario peggiore, cioè che la crisi COVID-19 fosse talmente pesante da far chiudere tutti gli stabilimenti anche per un anno intero, come si potrebbe comunque giustificare un valore di Fiat-Chrysler di meno della metà?

Se tu fossi stato uno dei proprietari della Fiat e a marzo 2020 qualcuno ti avesse offerto il 50% in meno del valore del mese precedente tu l'avresti accettato? Avresti venduto le tue quote a metà del prezzo?

Non penso.

Nella realtà moltissimi azionisti lo hanno fatto. Sono stati presi dal panico, influenzati da quel maniaco-depressivo di Mr. Market. Non hanno ragionato con la testa dell'imprenditore.

A parte questa crisi così pesante, che in effetti ha mandato in fallimento molte aziende (che però erano in larga misura già fragili di loro per vari motivi), un simile comportamento è molto frequente nei mercati finanziari.

Al lato opposto troviamo esempi di euforia ingiustificata. Uber, la famosa azienda di trasporto condiviso, fu quotata a maggio del 2019 in una IPO (Initial Public Offer - Offerta Pubblica Iniziale) molto seguita sui giornali. Il prezzo iniziale fu di poco più di 45 dollari ad azione pari ad un valore di mercato di 75 miliardi di dollari. A novembre le azioni si vendevano a 26,6 dollari per un valore di mercato di 44 miliardi di dollari.

Poi a febbraio 2020 sono risalite a 40,71 dollari, cioè ad un valore di 68 miliardi.

Secondo la tua esperienza da imprenditore in dieci mesi un'azienda strutturata può cambiare così rapidamente il suo valore?

Un giorno vale 75 miliardi.

Dopo sei mesi ne vale 44 (il 41% in meno, quasi la metà!).

Dopo altri tre ne vale 68.

Non sembra anche a te un andamento a dir poco bizzarro?

Sì, miliardo in più o miliardo in meno, per alcuni non fa molta differenza… ma pensa se la tua azienda, magari con numeri più piccoli avesse la stessa oscillazione di valore da un mese all'altro.

Non è forse che il prezzo delle azioni di un'azienda cambiano molto più rapidamente rispetto al valore reale (quello che prende il nome di Valore Intrinseco)?

Riferendomi ai colleghi imprenditori ritengo che questo concetto, che è fondamentale per capire come investire nelle azioni, per loro sia molto più comprensibile perché lo possono inquadrare nella propria esperienza.

Ogni imprenditore sa che è impossibile che il valore della sua azienda, anzi di una qualsiasi azienda, possa oscillare così tanto in così poco tempo in condizioni normali.

Tali oscillazioni molto spesso non sono razionali, sono invece esagerate e non rappresentano per nulla la realtà dell'azienda.

Moltissimi studi di economia comportamentale, hanno dimostrato che i mercati sono guidati più dalle emozioni che da un calcolo razionale, almeno nel breve periodo.

È questo lo spunto riflessivo che approfondiremo nel prossimo capitolo.

I mercati sono lo specchio dell'animo umano

Imitando il branco si tende ad ottenere risultati mediocri
Charlie Munger

Ma allora cos'è che guida i mercati finanziari? Cos'è che fa salire e scendere le azioni anche se il valore dell'azienda in effetti non cambia?

Per capirlo dobbiamo distinguere tra il breve ed il lungo termine:

Nel breve termine i mercati seguono le emozioni;
Nel lungo termine invece ritornano ad essere efficienti.

Nel breve termine le emozioni vincono sull'intelletto. Se non le controlliamo allora l'avidità e la paura, che tutti noi abbiamo nel nostro DNA, vincono sulla razionalità.

La paura prende il controllo perché dobbiamo sopravvivere. Abbiamo tutti davanti agli occhi le scene concitate delle borse nei giorni di panico. In quei casi scattano i meccanismi di autodifesa che ci fanno stare male, che ci fanno agire d'impulso. Succede a tutti.

Quando accade, quando non riusciamo più a resistere

alla spinta di fuggire, non possiamo far altro che vendere le nostre azioni!

Al contrario, quando tutti gli altri stanno guadagnando, allora ci vogliamo lanciare anche noi nella mischia! Ci tuffiamo sulla preda proprio come fanno i predatori quando vedono un ricco pasto. Come un leone affamato compriamo senza fare troppe domande le azioni che salgono: anche noi abbiamo diritto alla nostra parte!

Se invece cerchiamo di resistere e non facciamo niente, ci sentiamo a disagio. Pian piano, mentre vediamo che i mercati salgono e l'euforia dilaga, non riusciamo a rimanere fermi. Anche in questo caso scatta un meccanismo di difesa, forse è lo stesso di prima: proiettiamo il mancato guadagno futuro come una perdita e questo ci fa paura. Si innescano delle reazioni emotive che ci spingono a fare scelte sbagliate.

Quanti investitori comprano all'apice della crescita (il così detto rally) proprio per questa ragione?

Ma ricordiamoci che il punto più alto è sempre il più pericoloso da cui cadere. E c'è sempre un ultimo che cade.

QUANTO SONO INFLUENZATE DAL PREZZO LE NOSTRE EMOZIONI?

Il prezzo fa diventare l'investitore come Mr. Market: un giorno è euforico mentre il giorno dopo è depresso.

Il prezzo indica all'investitore se sta perdendo o guadagnando soldi in quel momento.

L'errore che fanno in molti è proprio quello di guardare i grafici di continuo e seguire i titoli roboanti dei giornali. Questo è quello che si intende per "giocare in borsa": esattamente come entrare in un casinò.

Quando osservi le tue azioni diminuire di prezzo

inizialmente provi un certo disagio. Poi, come abbiamo già visto, quel disagio si trasforma in paura, la paura di perdere ancora più soldi e quindi le vendi.

Come in un circolo vizioso proprio la paura della perdita ci fa compiere scelte sbagliate e pericolose che generano perdite ancora più grandi.

Il comportamento tipico dell'investitore emotivo è rappresentato in questo grafico.

Non trovi anche tu che comprare ad un prezzo alto e vendere ad un prezzo basso sia proprio il modo migliore per perdere soldi?

Ed infatti lo è. Se investi, senza sapere cosa stai facendo, in realtà stai solo "giocando" alla roulette, stai scommettendo.

Se permetti alle emozioni di intervenire nelle tue decisioni di investimento accadrà proprio questo.

I mercati riassumono tutti questi comportamenti con gli andamenti dei prezzi: salgono quando gli investitori sono spinti dall'avidità e precipitano quando gli investitori sono spinti dalla paura.

Ma come possiamo vincere su queste emozioni così radicate nel nostro animo? Come possiamo diventare più forti del nostro stesso istinto di sopravvivenza? Come possiamo evitare che le emozioni prendano il sopravvento?

In genere non possiamo farlo.

La maggior parte di noi ha poche probabilità di riuscirci.

Non credere che queste emozioni siano però un'esclusiva degli investitori privati che mettono in gioco unicamente i propri capitali. Anche i manager dei fondi di investimento possono avere lo stesso problema. Dopotutto, una buona performance può portarti nel firmamento dei più grandi gestori. Ma una negativa, subito dopo, può farti cadere in modo spettacolare. E per loro è in gioco la carriera e la reputazione in un contesto estremamente competitivo.

In un mondo che guarda sempre più alla velocità ed ai risultati immediati, questi manager si trovano a dover dimostrare le loro abilità su orizzonti di pochi mesi o addirittura di poche settimane. Piccole differenze di prestazione rispetto all'indice di riferimento in un mese o addirittura in una settimana possono rovinare una carriera. È come il cane che si morde la coda: si cerca di inseguire risultati certi nel breve termine, dove invece è più probabile che prevalgano l'incertezza ed il caso.

Lo sai a cosa altro porta tutto questo?

Che la maggior parte delle persone, sia i professionisti blasonati con stipendi da milioni di dollari che i piccoli investitori, per non sbagliarsi seguono quello che fa la massa. Ed ottengono inevitabilmente risultati mediocri.

Però, se ci pensi, una risposta alla domanda di come possiamo evitare di soccombere alle emozioni c'è: dovresti semplicemente evitare di affrontarle.

Non puoi combattere contro un nemico molto più forte di te e sperare di vincere. Un grande Nicolas Cage, nel film Lord of War, diceva "mai andare in guerra, specialmente contro te stesso".

L'unico modo per far prevalere l'intelletto sulle emozioni allora è quello di investire nel lungo periodo. Ti occorre cioè una strategia che funzioni nel lungo termine e che ti aiuti anche a mantenere un certo "distacco emotivo".

E non a caso è nel lungo periodo che i mercati diventano efficienti. È nel lungo periodo, uno, due o anche cinque anni, che i prezzi delle azioni ritornano a riflettere il valore reale dell'azienda che rappresentano.

IL VANTAGGIO COMPETITIVO DEL LUNGO PERIODO

Ragionare in questo modo, contrario alle masse e al pensiero comune, oltre a distaccarti dalle emozioni ti permette anche di avere un altro vantaggio competitivo.

Infatti, poiché la stragrande maggioranza dei gestori di fondi è concentrata sul breve periodo allora se investi guardando al lungo periodo in realtà hai meno concorrenti.

E se ci sono meno concorrenti i margini di profitto sono più alti.

Per ricapitolare, la filosofia dell'investitore intelligente per essere profittevole ha bisogno di basarsi su due pilastri fondamentali che abbiamo analizzato in questi ultimi due capitoli:

1. Investire tenendo conto del valore dell'azienda;
2. Investire con un orizzonte di lungo termine (molti mesi, qualche anno).

Comprare azioni a sconto

I prezzi cambiano più del valore, proprio lì si trovano le opportunità.

Joel Greenblatt

Ti è mai capitato di visitare un mercato di quartiere o un mercato di paese? La prossima volta prova a notare quali sono i banchi più affollati, quelli che hanno più clienti.

Se ci fai caso in ogni mercato c'è più di un banco frutta e verdura, più di un macellaio, più di un alimentari. Ma alcuni hanno sempre più clienti di altri.

Queste bancarelle hanno qualcosa in più rispetto ai loro concorrenti.

Magari il proprietario è simpatico, magari ha dei prodotti migliori, oppure sta in una posizione dove passa più gente. Insomma, sono i preferiti dai clienti. Hanno una sorta di forza magnetica, una calamita che li attira.

Al contrario ci sono dei banchi che funzionano meno. Anche all'ora di punta hanno solo pochi clienti, come se per loro la forza magnetica non funzionasse, come se la calamita fosse scarica.

Se li osservi da vicino spesso è facile capirne il motivo: la merce non è delle migliori o magari viene esposta in modo trascurato, il proprietario è scorbutico, magari si è fatto la nomea di dare il resto "sbagliato", oppure il banco si trova in un posto poco visibile.

Supponi, adesso, che tu abbia dei soldi e li voglia investire in un'attività per farli rendere. Non intendi lavorare, ma essere solo un "socio finanziatore": metti dei soldi e alla fine dell'anno ricevi parte degli utili. Come fai? Da dove cominci?

Un'idea potrebbe essere di finanziare proprio una di queste bancarelle. In cambio di un po' di capitale che il titolare investirà in una nuova bilancia, in un nuovo frigorifero o in un bancone più moderno, alla fine dell'anno ti riconoscerà una parte degli utili.

Ma a chi daresti i tuoi soldi?

A quello che ha la bancarella sempre piena di clienti oppure a quello che ne vede uno ogni tanto?

La risposta è ovvia.

Per quanto possa sembrare semplice, questo è esattamente lo stesso criterio per investire nelle azioni.

Come ormai sai bene le azioni sono un pezzettino di una grande azienda. Sono il titolo di proprietà dell'azienda. Se tu hai le azioni dell'Enel, sei proprietario di una frazione dell'Enel.

E, come il proprietario di una casa in affitto, hai diritto ad una parte dell'affitto (profitti) a seconda di quante quote (azioni) hai. Se l'affitto è alto avrai un guadagno alto, se nessuno paga l'affitto o è più basso dei costi allora il tuo guadagno sarà poco o nulla.

Ripensando al mercato sotto casa, di quali società vorresti diventare azionista?

Sicuramente quelle che hanno più clienti rispetto ai concorrenti e li attirano come se avessero una calamita, quelle che funzionano meglio, quelle che riescono ad incassare molto di più di quanto spendono e magari hanno anche pochi debiti.

Capire quali siano le migliori aziende (cioè se hanno una calamita potente e pochi debiti) è proprio ciò di cui mi occupo da anni: tutto il giorno non faccio altro che andare in giro per il mercato (quello azionario) e studiare quali sono le migliori bancarelle/aziende da acquistare.

Detto questo ipotizziamo che il mercato in cui stiamo passeggiando sia proprio come il mercato delle aziende quotate: la Borsa.

Non siamo in effetti molto lontani come concetto. Nel nostro mercato cittadino abbiamo una concentrazione di business un po' come nel mercato azionario regolamentato. Per rendere ancora più vicina la similitudine ipotizziamo che tutti i vari proprietari delle bancarelle abbiano messo in vendita alcune quote (azioni) delle loro attività. Il prezzo di vendita è scritto in grande su un cartello appeso in bella vista sopra la stessa bancarella. Su questo cartello è riportato il prezzo dell'ultima offerta di acquisto ricevuta.

Se volessi comprare un'azione della bancarella di frutta e verdura allora dovrei offrire al proprietario della quota (azioni) almeno il prezzo segnato sul cartello. Nel nostro esempio quel prezzo indica in quel preciso momento quanto sono disposti a pagare gli altri investitori per comprare le azioni di quell'attività e a quanto sono disposti a vendere quelle che hanno in loro possesso.

Abbiamo creato il nostro piccolo mercato azionario di quartiere.

Un luogo ristretto con un numero di attività ben precise e definite con i prezzi pubblicati (che tutti possono vedere) per le azioni delle singole bancarelle.

Passeggiando tra i banchi ci rendiamo conto che ce ne sono almeno due che vendono frutta e verdura. C'è però una differenza. Mentre al banco di Lara c'è sempre la fila, a quello di Alfredo non c'è quasi nessun cliente.

Lara ha il banco vicino all'ingresso e ha dei prodotti decisamente buoni. È anche simpatica e tratta tutti i clienti cortesemente ricordandosi spesso delle loro preferenze. Alfredo invece ha il banco in fondo, dietro una colonna, ed è meno curato sia nei prodotti che vende, sia nella pulizia. Inoltre, è spesso scontroso e poco affabile.

Secondo te il prezzo sul cartello di Lara e di Alfredo per vendere un'azione di ognuna di queste bancarelle dovrebbe essere uguale?

La risposta è ovvia. Non può essere uguale perché chi attira più clienti in genere ha un maggior profitto rispetto a chi ne riesce ad attirare meno (sempre semplificando).

Quindi è più ragionevole aspettarsi che un'azione del banco di frutta e verdura con molti clienti (quello di Lara) abbia un prezzo maggiore rispetto al prezzo del banco di Alfredo che invece ha pochi clienti.

La regola base che tutti conosciamo bene è che un business migliore attira più clienti e vale di più. È proprio ciò che, in genere, avviene nel mercato azionario.

L'attività di Lara al momento è più profittevole e quindi vale di più di quella di Alfredo e, se voglio acquistarne un'azione, dovrò pagarla di più perché sto comprando la capacità di attirare molti più clienti rispetto ad Alfredo. A fine anno mi entreranno in tasca più profitti con le azioni di Lara che con quelle di Alfredo.

Lo stesso avviene nel mercato azionario. Tutti preferiscono acquistare le azioni dell'azienda che attira più clienti, come accade in questi anni per Apple o Amazon. Per questo motivo le loro azioni continuano a crescere. I prezzi, ad oggi, sono molto alti perché ci si aspetta che i profitti attuali e futuri di queste aziende cresceranno.

Ogni tanto però possono accadere delle cose che cambiano questa situazione.

Supponiamo che un giorno passi un ispettore dell'Ufficio di Igiene e che scopra che Lara non ha adottato alcune precauzioni e, nonostante le proteste, le mette i sigilli al banco.

Che succederà al prezzo delle azioni di Lara? Il timore di non sapere se e quando Lara potrà riaprire il banco spingerà i suoi investitori a riconsiderare i prezzi delle azioni.

Molti di quelli che le hanno in portafoglio cercheranno di venderle spaventati dalle prospettive dei mancati profitti. Alcuni, più spaventati di altri, cercheranno di venderle subito. Ma come?

L'unico modo per trovare degli acquirenti per vendere velocemente è di abbassare il prezzo.

E, come per incanto la paura prende il sopravvento sulla razionalità! Se alcuni azionisti di Lara cominciano a vendere le azioni a ribasso, altri penseranno di avere in mano carta straccia e che devono vendere il più presto possibile. E come possono vendere più velocemente? Solo ad un prezzo ancora più basso!

È il panico!

È proprio così che prende corpo un fenomeno che ha dell'incredibile, che è prettamente umano e che, purtroppo per i numerosi sostenitori dell'efficienza dei mercati, dimostra che i mercati stessi molte volte non sono per niente efficienti ma profondamente emotivi.

Chi si affretta a vendere perché gli altri stanno vendendo, di certo non pensa a quanto vale il business di Lara. Ha solo la paura di non riuscire a recuperare neanche il capitale che ha messo all'inizio. Ha paura di perdere soldi. Una paura terrificante.

Si crea un vero e proprio circolo vizioso che porta ad abbattere i prezzi molto al di sotto del valore dell'azienda. Pur di racimolare qualcosa gli investitori sono disposti a vendere le azioni per pochi spiccioli.

Ma sappiamo, proprio come lo sanno anche gli altri, che il problema di Lara è solo momentaneo. Una volta che Lara si sarà messa in regola con l'ispettorato e, magari, avrà pagato una multa salata, allora il suo business riprenderà pian piano come prima. Grazie alla posizione, alla qualità di prodotti e al modo di fare di Lara cominceranno a formarsi di nuovo le file di clienti e le vendite ritorneranno probabilmente ad essere quelle di una volta.

Nel lungo termine il prezzo delle azioni del banco di Lara ricomincerà a crescere perché gli investitori vedranno finalmente che ha di nuovo un bel po' di clienti.

Per quanto possa sembrare paradossale ciò che ti ho descritto è esattamente quello che avviene nei mercati azionari.

Che sia uno scandalo come quello della Volkswagen per le emissioni truccate o della Boeing per i gravi problemi al 737 Max, che sia una crisi economica globale come quella del COVID-19 o qualche altro fattore temporaneo contrario, ci sarà sempre un effetto emotivo di caduta dei prezzi delle azioni ben al di sotto del reale valore intrinseco. Proprio come ci sono le bolle dei prezzi per aziende che alla fine non valgono così tanto.

Concorderai con me che è questo il momento di acquistare le azioni di Lara, quando il mercato le svaluta nel breve termine. Non certo quando tutto fila liscio ed i prezzi sono alle stelle, bensì quando qualcosa va male ed i prezzi precipitano ben oltre il ragionevole danno che può esserci stato.

È proprio così che si acquistano sui mercati azionari ottime aziende a prezzi scontati che hanno molte probabilità di crescere in futuro e farci guadagnare molti soldi. La formula di Greenblatt ci aiuta a scegliere queste aziende.

Come capire se un'azienda è a sconto: il P/E

Che siano dei calzini o delle azioni, mi piace sempre acquistare qualcosa di valore quando è a sconto.

Warren Buffett

Personalmente, e sfortunatamente per mia moglie, non amo molto fare "shopping". La mia avversione alla confusione, alle file e, in generale, a frequentare gli stessi posti contemporaneamente al resto della popolazione mi spinge a rimanere a casa quando invece potrei approfittare di ottimi prezzi per rinnovare il mio guardaroba.

Ma questo non significa che sia contro l'acquistare a sconto. Anzi tutto il contrario.

Per poter essere un buon investitore abbiamo visto che la regola numero uno è non perdere soldi.

Come puoi ridurre le possibilità di perdere soldi?

La risposta è molto semplice: comprando a sconto. Se una cosa la paghi di meno rispetto al prezzo normale, al momento di rivenderla avrai maggiori probabilità di ricavarne un profitto, o almeno di non perdere troppi soldi.

Immagina ora se ci fossero dei cartellini anche per le

aziende quotate in borsa, così come esistono i cartellini dello sconto sulle giacche e i vestiti durante i saldi.

In effetti questi cartellini esistono eccome.

Ciò che ti dice se un'azienda è a sconto oppure no, è il valore P/E - Price over Earnings, anche se tecnicamente è più corretto chiamarlo multiplo. Il P/E, nelle aziende quotate italiane, si trova spesso nella forma di P/U - Prezzo su Utile.

Prima di vedere insieme di cosa si tratta vorrei fare alcune riflessioni nel caso ti sia sorto il dubbio che sia troppo semplice avere un cartellino con su scritto "a sconto" anche per le aziende quotate.

Man mano che ho maturato esperienza nei mercati finanziari e soprattutto in quello azionario, mi sono reso conto che da parte degli operatori finanziari c'è molto spesso una tendenza quasi disarmante alla semplificazione.

Forse per l'estrema complessità dell'argomento, forse per la necessità di trovare delle scorciatoie, ma ti assicuro che la maggior parte degli analisti finanziari per prendere delle decisioni di investimento, anche di centinaia di milioni, si basano su pochissimi parametri.

Nel caso degli investimenti in borsa il parametro più utilizzato in tutto il mondo è il rapporto P/E. Non è sicuramente il più completo dei parametri (vedi il capitolo bonus "La Formula per i più esperti" che puoi scaricare al link www.giorgiopriori.it/bonus) ma è semplice e funziona comunque bene e soprattutto, per la nostra strategia, è di gran lunga più che sufficiente.

Gli analisti confrontano il P/E di un'azienda con il P/E medio di aziende simili e decidono se l'azienda è sottovalutata o sopravvalutata rispetto al mercato. Molto spesso complesse analisi finanziarie si riducono a poco più di questo.

Quindi, una volta che avrai chiaro il significato del valore P/E e come utilizzarlo a tuo vantaggio, allora avrai fatto già un bel salto in avanti nella tua formazione da investitore che, messa insieme al ROIC del capitolo seguente, sarà tutto quello di cui avrai bisogno per usare la formula di Greenblatt.

Il rapporto P/E o Prezzo su Utili si calcola utilizzando:

1. il Prezzo attuale di una singola azione della società che stiamo analizzando
2. Gli utili divisi per il numero delle azioni, cioè gli utili per azione. In genere gli utili a cui si fa riferimento sono il totale degli ultimi quattro trimestri.

Mentre sto scrivendo:
- ENI S.p.A. ha un rapporto P/E di 22,5
- Apple Inc ha un P/E di 30,3
- American Express un P/E di 19,4
- Unicredit S.p.A. un P/E di 10,0
- The Coca Cola Company Inc ha un P/E di 25,7
- Fiat-Chrysler (FCA) un P/E di 6,5

Facciamo la comparazione dei valori di P/E del settore automotive a cui appartiene Fiat-Chrysler. Considerando le aziende concorrenti che le sono più simili (Ford, Volkswagen, Audi, General Motors, Peugeot, ecc.) al momento in cui scrivo queste hanno un P/E medio di 7,9.

Fiat-Chrysler quindi, con un P/E di 6,5, si pone leggermente sotto la media di mercato e quindi possiamo affermare che è a sconto rispetto alle sue concorrenti. Poi, se consideriamo che il P/E di Volkswagen di oggi è a 4,5, possiamo dire che Volkswagen è ancora più "scontata" di FCA.

Ecco qua che in effetti un cartellino con scritto "Sconto" lo si può trovare non solo nei negozi durante i saldi stagionali ma anche per le aziende quotate in borsa. Sembra incredibile, ma è proprio così.

Approfondiamo insieme cosa significa effettivamente questo rapporto tra Prezzo e Utile.

Il rapporto P/E ci dice, semplificando molto, in quanti anni recupererei il capitale che ho investito attraverso gli utili dell'azienda. A patto che questi utili rimangano almeno gli stessi di oggi.

Se tu un giorno decidessi di acquistare la bancarella di frutta e verdura ad un prezzo di 100.000 euro ricavandone un utile netto di 84.000 euro l'anno, allora il tuo rapporto P/E sarebbe di 100.000 / 84.000 = 1,2.

Recupereresti il tuo investimento in poco più di un anno.

È un modo molto semplice ma anche pratico per capire "al volo" se un'azienda è a sconto oppure no.

La bancarella accanto, invece, si vende a 80.000 euro, ma quando vai ad analizzare gli utili ti rendi conto che a stento ha raggiunto 30.000 euro nell'ultimo anno. Il suo P/E è di 80.000 / 30.000 = 2,67. In questo caso recupereresti il tuo investimento in oltre due anni e mezzo.

Il P/E ti dice subito, a colpo d'occhio, quale delle due alternative è ad un prezzo scontato rispetto all'altra. Se poi sai che in quel mercato le attività commerciali di vendita di frutta e verdura, ad esempio, si vendono in media ad un P/E di 2, allora puoi senz'altro dire che quella con P/E a 1,2 è un ottimo affare: ha un bel cartellino con scritto, grande e in rosso, "sconto del 40%"

rispetto alle concorrenti.

Un secondo modo di interpretare il P/E è quanto pago (P) per ottenere un euro di utile (E): un valore di 15 mi dice che per avere un euro di utile (E) dovrò pagare un prezzo (P) di 15 euro. Questo valore lo posso confrontare con un'azienda simile che magari al momento ha un P/E di 20. In quest'ultimo caso dovrò pagare 20 euro per ottenere un euro di utile, quindi è più cara.

Comprare le migliori:
il Vantaggio Competitivo
ed il ROIC

Il tempo è amico delle aziende migliori e nemico di quelle mediocri.
Warren Buffett

Sì, lo confesso, i mercati cittadini mi piacciono. Bancarelle una dietro l'altra, persone che vanno e vengono, che fanno la spesa, che parlano tra loro. Ci sono odori e profumi di tutti i tipi: c'è la signora che chiede il prezzo delle arance, c'è chi invece guarda e alla fine passa alla bancarella più avanti.

Mi è rimasto molto impresso il mercato coperto di Manfredonia, in Puglia. L'ultima volta che ci sono stato era pochi giorni prima di Ferragosto. C'era un brulicare di persone che facevano la spesa per il pranzo e cercavano di accaparrarsi le cose più buone e al miglior prezzo.

Il mercato si trova sotto una struttura coperta: una grande e moderna tenda sospesa su una tensostruttura in acciaio con i lati lasciati aperti.

Ci sono file di banchi pieni di frutta, affettati, formaggi, pesce, carne, frutta secca e così via. In genere intorno ad ogni banco c'è una fila di cassette di vari colori e il proprietario che imbusta, parla con i clienti, declama i prezzi e le qualità dei suoi prodotti. Il chiasso è caratteristico proprio come in ogni mercato; così come il modo di fare dei commercianti e dei clienti.

Quella volta mi colpì un particolare. Tra i vari banchi ce n'era uno che vendeva mozzarelle di bufala. Non era l'unico, ce n'erano almeno altri due. Ma questo aveva una curiosa particolarità: c'era una fila molto lunga di persone che attendeva di essere servita. Niente di notevole se non fosse che contemporaneamente agli altri due banchi c'erano forse uno o due clienti. Era l'esempio reale di quello che abbiamo visto con le bancarelle di Lara e Alfredo nel capitolo precedente.

Com'era possibile? Perché le persone preferivano aspettare in fila per acquistare lì invece che andare dagli altri due che erano praticamente vuoti?

Rispondere a questa domanda è in realtà abbastanza complesso, perché c'è una molteplicità di fattori che entrano in gioco (molto spesso non dipende solo dal fatto che i prodotti siano migliori). Questi comportamenti, come quelli delle persone in fila davanti alle bancarelle dei mercati, sono studiati dalla branca dell'economia che prende il nome di Economia Comportamentale e che ho sempre trovato molto affascinante. Nella bibliografia ti ho riportato, nel caso fosse di tuo interesse, una lista di opere a cui far riferimento per approfondire questo tema.

Torniamo alla nostra bancarella. In effetti, a parte le motivazioni comportamentali, quello che a noi interessa è il risultato finale. Rispetto agli altri concorrenti, i clienti la preferiscono al punto di rimanere più tempo in fila in attesa di essere serviti.

Se io volessi diventare socio di uno dei commercianti di questi tre banchi che vendono mozzarelle di bufala di sicuro preferirei esserlo di quello che ha maggior successo, di quello a cui i clienti fanno la fila pur di comprare da lui.

Avere tanti clienti offre, in effetti, un bel vantaggio: il così detto "vantaggio competitivo".

Quando la tua azienda ha un vantaggio competitivo sui concorrenti allora ha ricavi maggiori e utili più alti: può permettersi di avere margini superiori perché ha un prodotto migliore, oppure di giovarsi dell'economia di scala ed avere costi inferiori ai concorrenti.

Possiamo semplificare dicendo che:

Maggiore Vantaggio Competitivo = Maggiori Profitti

La qualità dell'azienda, e quindi il suo Vantaggio Competitivo, lo misuriamo con un parametro: il ROIC.

IL RITORNO SUL CAPITALE INVESTITO, IL ROIC

Il Ritorno sul Capitale Investito (Return On Invested Capital - ROIC) è una misura importante della qualità dell'azienda e del suo Vantaggio Competitivo rispetto alle altre concorrenti.

Ci sono molti di questi indicatori (o "ratio", rapporti, come li amano definire gli analisti) che ci aiutano a fare una vera e propria "radiografia" dell'azienda, al capitolo precedente abbiamo analizzato il P/E. Ma noi non vogliamo diventare degli specialisti. Ci basta, per i nostri scopi, conoscere solo un altro di questi parametri, quello più indicativo per poter capire "a colpo d'occhio" se l'azienda è di qualità oppure no.

Il ROIC è il rapporto tra l'Utile Operativo a fine anno (EBIT - Earnings Before Interests and Taxation), cioè quanto ha guadagnato l'azienda nel corso dell'anno dal ciclo operativo senza considerare le tasse e gli interessi, diviso il capitale investito nel business (la somma del debito totale più il capitale proprio, meno il denaro in cassa).

ROIC = Utile Operativo Lordo (EBIT) / Capitale Investito (Invested Capital)

Per fare un'analogia, considera di acquistare una casa per affittarla. Acquisti la casa a 100.000 euro di cui 50.000 tuoi e 50.000 prendi un finanziamento dalla banca. La casa riesci ad affittarla a 600 euro al mese così come sta. Devi solo pagare le spese di condominio che sono 50 euro al mese.

In un anno la casa dà un Utile Operativo di:

(600 euro - 50 euro) x 12 mesi = 6.600 euro.

Il capitale che hai investito è il tuo, più quello del finanziamento cioè:

50.000 euro tuo + 50.0000 euro della banca = 100.000 euro.

Il ritorno sul capitale investito della tua casa è:

ROIC = 6.600 / 100.000 euro = 6,6%

PERCHÉ IL ROIC MISURA LA QUALITÀ DELL'INVESTIMENTO?

Rimaniamo sull'esempio della casa. Se hai acquistato un bell'attico, che ha anche un affaccio prestigioso sul parco storico della tua città, di sicuro è più "di qualità" rispetto all'appartamento al seminterrato dello stesso palazzo che affaccia sulla rampa dei garage.

Per semplificare, supponendo per assurdo che il prezzo per l'appartamento sopra i garage e per l'attico sia lo tesso, cioè 100.000 euro, il tuo ROIC sarà diverso. Infatti, l'attico lo puoi locare ad un canone molto più alto rispetto all'altro appartamento proprio per le sue caratteristiche migliori. Per l'attico il ROIC sarà più elevato. Ecco come la qualità di un investimento rispetto ad un altro si traduce in un numero.

Un'azienda di qualità, come un appartamento, subisce meno le oscillazioni dei mercati. Se nella zona tutte le case diminuiscono di valore perché la situazione economica è peggiorata, di sicuro il tuo attico lo puoi sempre affittare ad un prezzo superiore rispetto agli altri appartamenti: ha il suo Vantaggio Competitivo.

Allo stesso modo un'azienda che ha un *vantaggio competitivo* sulle altre, nei momenti in cui i mercati faticano o sono in recessione, avrà comunque più capacità di ripresa.

Per le aziende avere un *vantaggio competitivo* stabile è importante come avere l'attico. Ti ricordo che il *vantaggio competitivo* è, in poche parole, quanto i clienti preferiscono quell'azienda rispetto ad un'altra concorrente.

Proprio come l'attico rispetto al seminterrato, se l'azienda ha un *vantaggio competitivo* sostanzioso, questo si traduce in un maggiore ritorno sui capitali investiti rispetto alle concorrenti. Avere un *vantaggio competitivo*, soprattutto se è duraturo, favorisce il tuo business e ti permette di guadagnare di più.

Ritornando all'esempio dei tre banchi di mozzarelle del mercato di Manfredonia, ipotizziamo che tutti e tre i commercianti abbiano speso, per allestire il proprio banco, 20.000 euro.

Questi 20.000 euro sono il cosiddetto "Capitale

Investito" necessario per acquistare i tavoli, le bilance, i prodotti da vendere, ecc.

Il commerciante che ha la fila di clienti guadagna a fine mese 7.000 euro di utile. Gli altri due invece 4.000 euro.

Come possiamo calcolare e confrontare numericamente i risultati?

Per il commerciante con il Vantaggio Competitivo: $7.000 / 20.000 = 35\%$

Per gli altri due senza particolare Vantaggio Competitivo: $4.000 / 20.000 = 20\%$

Il Ritorno sul Capitale Investito (ROIC) misura il Vantaggio Competitivo dell'azienda, cioè dà un voto a chi è più bravo nel fare l'imprenditore.

Come è logico che sia, è meglio acquistare azioni di aziende con un buon vantaggio competitivo, e quindi con un ROIC più alto, rispetto ad aziende che faticano ad avere clienti.

L'AMICO GUASTAFESTE

Fantastico! Abbiamo trovato un parametro semplice che ci permette di scartare le aziende non buone e scegliere solo quelle migliori.

Ma un mio amico guastafeste (ognuno di noi ne ha almeno uno, è una legge che forse dovrebbe essere studiata dall'Economia Comportamentale) a cui spiegai tutti questi concetti, mi fece un'obiezione che, dovetti riconoscere, aveva le sue ragioni.

Mi chiese semplicemente: "Ma come fai a sapere se l'azienda sarà in grado di mantenere il suo Vantaggio Competitivo <u>anche in futuro</u>?"

La risposta al mio simpatico amico, purtroppo, era altrettanto semplice: non lo puoi sapere.

Il mondo del business cambia rapidamente. Il vantaggio competitivo è difficile da raggiungere e anche difficile da mantenere. Aziende che oggi sono leader di mercato, il prossimo anno potrebbero dover affrontare una concorrente che ha sviluppato un prodotto più innovativo e appetibile per i clienti. Innovazione, nuovi concorrenti, nuovi prodotti, cambiamento delle condizioni dei fornitori, e così via possono tutti contribuire a scalfire il vantaggio competitivo dell'azienda.

Se vuoi approfondire l'argomento del vantaggio competitivo magari anche riguardo la tua azienda, allora il saggio di Micheal Porter, che riporto in bibliografia, è un ottimo inizio.

Ma non perdiamoci d'animo, vediamo se riusciamo a trovare una via d'uscita per dare uno smacco al mio amico supponente.

Non so se hai mai notato che nei prospetti dei fondi di investimento c'è sempre scritto in piccolo che "le performance del passato non sono indicative delle performance future".

In pratica il reparto marketing e quello legale, del fondo di investimento, ti stanno comunicando che non si prendono nessuna responsabilità su quello che accadrà nel futuro se tu decidessi di dargli il tuo capitale da gestire.

Non hanno tutti i torti. In effetti nessuno può conoscere il futuro. Non siamo in grado di farlo, proprio come non sono in grado di farlo i più grandi investitori del mondo.

Allora come possiamo dire che un'azienda che ha un ROIC elevato oggi sarà una buona azienda anche domani?

Ricordiamoci che il ROIC si calcola, come abbiamo visto, sui risultati dell'anno precedente.

Tanto per cominciare possiamo senz'altro affermare che, se un'azienda ha un ROIC elevato e quindi un vantaggio competitivo superiore alle altre, allora nel futuro continuerà, più probabilmente di altre, a conservare questo vantaggio sui concorrenti.

Non ne siamo sicuri e non lo potremo mai essere. Tante cose possono cambiare in un anno o anche in pochi mesi nel business. Ogni imprenditore come noi conosce e vive questa realtà in continuo cambiamento... per caso ne sai qualcosa anche tu?

Però, in media, un'azienda che ha un vantaggio competitivo quest'anno, è molto probabile che lo continui a mantenere anche durante il prossimo anno.

In definitiva una buona azienda oggi potrebbe rimanere ancora una buona azienda il prossimo anno.

Non abbiamo trovato una risposta certa, ma ci siamo basati sulle probabilità più che sulla sicurezza. Lo possiamo fare perché con la strategia che vedremo nei dettagli nella seconda parte del libro acquisterai 24 aziende di qualità. E quindi, in media, è probabile che la maggior parte di queste aziende selezionate dalla formula continuino a mantenere il loro vantaggio competitivo anche il prossimo anno incrementando il prezzo delle azioni. Le sfortunate che purtroppo non ci riusciranno le venderemo in tempo senza troppi rimpianti e ce ne faremo una ragione.

La "Magic Formula" di Joel Greenblatt seleziona le aziende che hanno un vantaggio competitivo superiore rispetto alle altre. Sceglie le aziende con maggiori rendimenti sul capitale investito e che contemporaneamente sono vendute a sconto.

Lo vedremo bene nella seconda parte: la formula combina i due indicatori di cui abbiamo appena parlato, il P/E e il ROIC, in una classifica delle aziende che sono contemporaneamente migliori e a sconto rispetto alle altre.

Selezionando in questo modo le aziende da acquistare, la formula ti mostra le aziende migliori, quelle dove i clienti si mettono in fila pur di acquistare da loro, e che sono vendute ad un prezzo più basso delle altre.

Zero Tasse?

Sfuggire alle tasse è l'unica impresa intellettuale che offra ancora un premio.

John Maynard Keynes

Adesso che conosciamo come scegliere le aziende migliori e come selezionare quelle a sconto, è arrivato il momento di parlare di tasse.
Però, invece di essere il solito argomento che a noi imprenditori fa venire almeno due volte l'anno il mal di testa, sorprendentemente adesso è l'equivalente della famosa ciliegina sulla torta. In realtà una ciliegina che farebbe felice anche un gigante di qualche antica fiaba.

Come si fanno a pagare zero tasse in Italia in modo legale?

Si, proprio in Italia, dove tra luoghi comuni (più o meno veritieri) e l'atteggiamento vessatorio da parte degli uffici pubblici, non viviamo certamente in un paese con le politiche fiscali più leggere.

Ho letto recentemente su Il Sole 24 Ore di un episodio emblematico: l'Agenzia delle Entrate ha avuto finalmente ragione in Cassazione, quindi dopo ben tre gradi di giudizio, per una causa in cui contestava al contribuente l'astronomica cifra di 2,5 euro!

Questi e numerosi altri episodi sono profondamente radicati nella nostra cultura.

Forse proprio tali aspetti sono alla base del fatto che l'Italia è il paese dove le persone che vogliono iniziare un'attività imprenditoriale partono chiedendo: "ma poi quanto devo pagare di tasse?".

Un po' come iniziare dalla fine senza sapere nemmeno se quello che voglio fare ha un senso, che quello che propongo di vendere soddisfa un bisogno, che ci sia un bacino di clienti target e che ce ne sia un numero sufficiente a generare un flusso finanziario sostenibile.

Da noi questo concetto di essere "tartassati" è profondamente radicato, forse anche per motivi storici oltre che culturali, tanto da diventare ingenuamente la prima preoccupazione per chi vuole dar vita ad un'impresa.

Ma questa volta, per la nostra strategia di investimento, i vantaggi fiscali sono di tutto rispetto.

Eliminiamo definitivamente questa chimera delle tasse con una parola magica: "PEX".

Ripetila con me: PEX.

Questa è una parola che porta con sé grandi soddisfazioni e tanta felicità per chi ne fa un uso consapevole.

PEX sta per "Partecipation EXemption".

Ed è un aspetto importante affinché la nostra strategia di investimento abbia un rendimento ancora più elevato.

Il regime PEX fu introdotto nell'ordinamento fiscale italiano nel 2003 per evitare la doppia imposizione sugli utili societari e per uniformare il nostro sistema a quello internazionale.

Il regime PEX si adatta a pennello alla nostra strategia di investimento di lungo termine. Sembra quasi che l'abbiano scritta apposta per noi.

È tutto previsto dalla legge a chiare lettere. Non ti sto proponendo delle "escapologie" cioè dei metodi di interpretazione, spesso dubbi e pericolosissimi, proposti da sedicenti esperti fiscali, che vanno tanto di moda in questi anni.

Ecco di cosa si tratta.

Sotto certe condizioni, che tra poco andremo ad approfondire, le plusvalenze (i profitti) maturate dalla vendita di partecipazioni azionarie contribuiscono al reddito d'impresa solo per il 5% del loro importo.

Quindi se hai venduto le tue azioni della Intel e hai ottenuto una plusvalenza di 100.000 euro solo 5.000 andranno a "fare utile" per il calcolo fiscale, il cosiddetto Imponibile.

I restanti 95.000 euro sono esenti.

Si, hai letto bene, il 95% di quello che la tua società guadagna con le azioni è esentasse!

Nonostante questa grande opportunità (ma quando mai si pagano così poche tasse?) però non ho ancora mantenuto del tutto la mia promessa del titolo del capitolo, cioè "zero tasse".

Ma ci arriviamo subito. Basta fare un piccolo passo in più.

Considera che ovviamente non tutti i tuoi investimenti azionari (magari fosse così!) daranno delle plusvalenze alla fine dell'anno. Alcune azioni sicuramente saranno in perdita cioè daranno delle minusvalenze.

Ma queste perdite, sotto certe condizioni che esamineremo tra poco, possono essere interamente deducibili, cioè possono essere considerate dei costi al 100%.

Quindi supponi che, oltre ad aver avuto una plusvalenza di 100.000 euro con le azioni della Intel, tu abbia avuto una minusvalenza di 5.000 euro con le azioni della Apple, il calcolo sarà il seguente:

Imponibile da plusvalenza Intel 100.000 x 5% = 5.000 Euro

Costi deducibili da minusvalenza da Apple = 5.000 x 100% = 5.000 Euro

Imponibile fiscale 5.000 - 5.000 = 0,0 Euro

Imposta sul reddito IRES
(relativa alla parte degli investimenti in azioni) = 0,0 x 24% = 0,0 Euro

Plusvalenza al netto delle imposte per la tua azienda = 95.000 euro.

Inoltre, se dovessi avere delle minusvalenze maggiori queste andrebbero ad abbattere l'imponibile fiscale anche sulla parte dell'utile della tua azienda prodotto dall'attività principale.

Come puoi immaginare, vale la pena approfondire l'argomento. E proprio questo faremo da qui in avanti.

Il regime PEX è regolato nell'articolo n. 87 del Testo Unico delle Imposte sui Redditi, il famoso TUIR e dalla circolare dell'Agenzia delle Entrate n. 36/E/2004.

Come saprai, sul TUIR trovi "tutto quello che vuoi conoscere ma che non hai mai osato chiedere" riguardo le imposte dirette (tanto per chiarire le imposte dirette sono quelle che colpiscono la generazione della ricchezza come l'IRES, mentre le imposte indirette sono quelle che colpiscono nel momento in cui spendi la tua ricchezza, ad esempio l'IVA).

Nell'articolo 87 comma 1 del TUIR troviamo che:

"Non concorrono alla formazione del reddito imponibile in quanto esenti nella misura del 95 per cento le plusvalenze realizzate e determinate ai sensi dell'articolo 86, commi 1, 2 e 3 relativamente ad azioni o quote di partecipazioni in società ..."

L'articolo prosegue dettando chiaramente le quattro condizioni precise per cui questa esenzione sia valida.
Le riassumo per semplicità:

1. Possesso delle azioni per almeno un anno;
2. Iscrizione delle azioni come "Immobilizzazioni Finanziarie" nello Stato Patrimoniale fin dall'acquisto;
3. Le azioni devono essere di società che non risiedono negli stati della Black List del Ministero delle Finanze (si tratta di paradisi fiscali). Per le nostre esigenze i paesi europei, il Regno Unito, il Canada e gli Stati Uniti sono tutti ammessi;

4. Le società di cui acquisti le azioni devono esercitare attività commerciale (il regime PEX non vale per le società che posseggono solo immobili, ma non è il nostro caso).

COME FARE IN PRATICA

Vediamo come sfruttare a nostro vantaggio il regime PEX in modo del tutto legale e permesso dal TUIR.
Supponiamo che:

- oggi hai acquistato le azioni dell'ENI;
- comunichi al tuo commercialista di iscriverle come Immobilizzazioni Finanziarie;
- <u>dopo almeno un anno e un giorno</u> (ma anche di più se vuoi) dal momento dell'acquisto le vendi ottenendo una plusvalenza;

Operando così il 95% di questa plusvalenza non è soggetto a tassazione sui redditi perché rientra nel regime PEX. E rimane nelle casse della tua società.
Di contro se:

- oggi hai acquistato le azioni di Unicredit;
- comunichi al tuo commercialista di iscriverle come Immobilizzazioni Finanziarie;
- dopo <u>un anno MENO un giorno</u> (ma anche prima se vuoi) ti accorgi che sono in perdita e le vendi;

Allora tali perdite (dette minusvalenze) saranno deducibili al 100% dal tuo bilancio, (e quindi anche dalle plusvalenze di cui sopra) perché NON rientrano nel regime PEX in quanto le hai vendute prima che sia trascorso un anno.

Attenzione, qualche giorno PRIMA delle fine dell'anno di possesso, ricordati sempre di verificare tutte le tue azioni e se qualcuna di esse è in perdita.

Perché solo vendendole almeno un giorno prima potrai dedurre tutte le minusvalenze.

Se invece ti dimentichi e le vendi dopo un anno e un giorno, allora tutte le minusvalenze saranno indeducibili al 95% perché rientreranno nel regime PEX. E non le potrai utilizzare, se non in minima parte, per abbattere la tassazione sugli utili.

Per semplificare:

1. Le azioni che sono in guadagno le vendi almeno dopo un anno e un giorno
2. Le azioni che sono in perdita le vendi al massimo dopo un anno MENO un giorno.

E così si avvera il desiderio apparentemente impossibile di pagare zero tasse.

Altro che i tre desideri della lampada di Aladino…

Parte 2

La Strategia

Noi siamo ciò che facciamo ripetutamente.
Pertanto, l'eccellenza non è un'azione ma un'abitudine.

Aristotele

La strategia di investimento

In questa seconda parte vedremo operativamente come applicare passo passo la formula di Greenblatt, per acquistare le aziende migliori ad un prezzo scontato.

Tieni comunque a mente che, come abbiamo già visto, sapere quali azioni acquistare è solo una parte del processo di investimento.

In realtà stiamo mettendo in pratica una Strategia di investimento. La definizione della parola Strategia nel vocabolario Treccani è la seguente:

"STRATEGIA: L'individuazione degli obiettivi generali di qualsiasi settore di attività pubbliche e private, nonché i modi e i mezzi più opportuni per raggiungerli"

La strategia di investimento, oltre a definire gli obiettivi, comprende al suo interno i modi e i mezzi più opportuni per raggiungere tali obiettivi.

Per chiarezza possiamo rappresentare la nostra strategia come un triangolo ai cui vertici troviamo:

1. La Gestione del Capitale;
2. L'Ottimizzazione Fiscale;
3. La Scelta delle Azioni.

La Gestione del Capitale (Money Management) riguarda principalmente tre aspetti:

- Quanto capitale puoi investire ogni anno;
- Quanto investire in ogni singola azienda;
- Quando acquistare o vendere le azioni che abbiamo in portafoglio.

L'Ottimizzazione Fiscale riguarda due aspetti:

- Come ridurre le imposte sulle plusvalenze prodotte dagli investimenti al minimo consentito dalla legge;

- Come sfruttare al massimo le perdite (minusvalenze) degli investimenti.

La Scelta delle Azioni riguarda invece:

- Come classificare le aziende per qualità e prezzo;
- Come scegliere le migliori.

Nei prossimi capitoli vedremo tutte queste parti della strategia di investimento e capiremo come ognuna si integra nell'altra in modo armonico.

Una volta compreso tutto il procedimento, non dovrai far altro che replicare i passaggi ogni mese. Ogni volta non impiegherai più di due ore e forse anche molto meno se utilizzerai degli strumenti di cui parleremo più avanti.

Adesso siamo finalmente pronti per affrontare tutti gli aspetti pratici per imparare e per applicare la strategia di investimento, in particolare:

- Quali sono gli strumenti necessari per iniziare ad operare;
- Come capire in che fase di vita si trova la tua azienda e come calcolare quanto capitale puoi investire;
- Come calcolare quante azioni puoi comprare e quanto puoi investire per ogni azienda;
- Punteggio di Qualità e Punteggio di Sconto, cioè come funziona praticamente la formula di Joel Greenblatt;
- Come fare, passo passo, per selezionare le azioni con il migliore Punteggio di Valore;
- Quando acquistare e quando vendere per ottenere i migliori vantaggi fiscali.

I tre strumenti necessari

Prima di poter cominciare avrai bisogno di tre strumenti, chiamiamoli, "di lavoro":

1. il primo è un conto titoli o, meglio, una piattaforma di trading a basso costo con un conto corrente intestato alla tua azienda con cui acquistare i titoli azionari;
2. il secondo è l'assegnazione del codice LEI;
3. il terzo, che ti sarà molto utile, è il "Registro di Investimento" che potrai scaricare gratuitamente al solito link www.giorgiopriori.it/bonus e dove troverai anche il video per comprendere come utilizzarlo al meglio.

Scegliere
la piattaforma di trading

Ormai sono finiti i tempi in cui ci si rivolgeva ad un broker per acquistare le azioni. Oggi si fa tutto online.

Questo ha permesso di ottenere numerosi vantaggi tra cui:

- un abbattimento dei costi di transazione;
- una velocità operativa elevata;
- una maggiore libertà nella scelta.

I costi di transazione oggi sono incredibilmente bassi rispetto a venti o trenta anni fa. Ormai con le piattaforme online puoi acquistare e vendere titoli azionari con commissioni anche sotto i 10 euro per transazione.

Oggi lo puoi fare senza bisogno di telefonare al tuo broker e chiedere di immettere l'ordine. Basta che acceda al tuo conto di trading, scriva il nome dell'azienda o il suo codice (Ticker) e il numero di azioni che vuoi acquistare e poi invii l'ordine con un click.

Questa facilità ti assicura anche una maggiore libertà di scelta. Non rischi infatti di essere influenzato da qualche "consiglio" del tuo broker che non rientra invece nella tua strategia.

Ma vediamo praticamente come fare.

Per prima cosa diciamo che il conto titoli della tua banca probabilmente non va bene allo scopo. Il conto titoli, infatti, è per i risparmiatori che vogliono investire su titoli "sicuri", quali i BTP o le azioni di grandi istituzioni (in Italia l'ENI, l'ENEL, ecc.). Va bene per chi acquista titoli ogni tanto, quello che da noi viene chiamato il "cassettista": compra le azioni e le dimentica nel cassetto per anni, se non decenni.

Per questa ragione di solito le commissioni per le transazioni di questa tipologia di conto sono alte, intorno ai 50 euro.

Anche se ritengo che sia comunque opportuno chiedere alla propria banca se dispongono di alternative per il trading online con sconti sulle commissioni, è probabile che alla fine tu sia costretto ad optare per dei prodotti che hanno piattaforme create proprio per questo.

Ma prima di scegliere devi fare un bel distinguo. Praticamente tutte le piattaforme di trading online che trovi pubblicizzate su internet sono da escludere. Lasciale stare. Rimani sul sicuro e rivolgiti preferibilmente ad una banca italiana che offra la possibilità di aprire un dossier titoli gestibile con una piattaforma di trading online.

Poiché dovrai trasferire ingenti somme di denaro è sempre meglio lavorare con degli operatori che sono vigilati da CONSOB e da Banca d'Italia e agiscono sotto la tutela del diritto italiano.

Non voglio entrare nei particolari, anche perché è un campo molto complesso, ma data l'entità dei capitali in gioco, come linea di principio preferisco sempre rimanere sul sicuro e sapere che, per qualsiasi evenienza, anche la più remota, posso far riferimento ad un tribunale italiano per far valere le mie ragioni.

Inoltre, in questi anni prolificano le società di trading online che non sono altro che truffe. Basta che tu vada sul sito della CONSOB dove sono elencati, come un bollettino di guerra, tutti i siti web per il trading online chiusi o perché erano proprio delle truffe oppure perché non offrivano alcuna garanzia ai clienti.

Vale sempre la regola di non dare i nostri soldi a degli sconosciuti…

Quindi per riassumere:

- Chiedi alla tua banca se dispongono di un conto titoli con commissioni dell'ordine di 10-15 euro "ad eseguito";
- Se non l'avessero, allora rivolgiti ad un istituto bancario italiano che offra la possibilità del trading online con canone zero e commissioni come sopra.

Il codice LEI
(Legal Entity Identifier)

Poiché dovrai operare come persona giuridica e non come persona fisica, è diventato obbligatorio dal 3 gennaio 2018 avere un codice univoco chiamato LEI (Legal Entity Identifier).

Il codice LEI è un codice di 20 caratteri che identifica la società (come la tua) che intende acquistare e vendere titoli finanziari nei mercati regolamentati.

In questo modo è più facile risalire alle strutture di titolarità delle persone giuridiche aumentando così la trasparenza a livello globale delle operazioni finanziarie. In pratica è uno standard per cercare di sapere un po' meglio "chi possiede cosa".

I codici LEI sono utilizzati in Europa, Stati Uniti e Canada e si stanno diffondendo rapidamente in tutto il mondo.

Per ottenere un codice LEI dovrai rivolgerti alle società autorizzate all'emissione che puoi trovare facilmente su internet. Attualmente il costo per un anno è di circa 60 euro più iva.

La procedura per l'ottenimento è molto semplice e, se usi una carta di credito, lo puoi ottenere in poco tempo.

Una volta ricevuto il codice LEI dall'emittente, dovrai comunicarlo alla banca con cui hai deciso di aprire un conto titoli.

Nota bene che il codice LEI va rinnovato ogni anno ed è importante ricordarlo perché, nel caso scadesse, non potrai più acquistare e vendere i tuoi titoli azionari fino al rinnovo.

In pratica sarai "congelato" anche per i titoli che hai già in portafoglio con il rischio di perdere importanti opportunità.

Il Registro di Investimento

Per applicare con successo la strategia di investimento tener traccia di tutti gli acquisti e le vendite delle azioni che farai ogni mese. Anche se ti sembra che due azioni al mese siano facilmente gestibili, ti suggerisco vivamente di non cadere in questa illusione.

La strategia prevede, come vedremo a breve, un'operatività sull'arco di mesi ed anni. È facile perdersi per chiunque.

Inoltre, le aziende che acquisti spesso distribuiranno dei dividendi anche più volte l'anno e dovrai registrarli per poi portarli in bilancio.

La complessità si farà vedere dopo alcuni mesi e allora sarà complicato ricostruire cosa è accaduto.

Per questo ho adattato una versione del Registro degli Investimenti specifica per la strategia di cui stiamo parlando. Come già sai la trovi a questo link www.giorgiopriori.it/bonus

Ti suggerisco di scaricarlo, stamparlo, e compilarlo a mano, non sul computer. Ogni mese annoterai le aziende che acquisterai e venderai e potrai agevolmente calcolare i profitti che poi comunicherai al commercialista in modo facile e veloce.

Al link potrai accedere anche al video in cui ti mostro passo passo come utilizzare il Registro di Investimento tenendo conto di tutti gli aspetti operativi, anche minimi, che ti troverai ad affrontare.

Come si dice, il diavolo è nei dettagli.

Come capire in che fase di vita si trova la tua azienda

In linea generale, come insegna la Finanza Aziendale, gli utili prodotti dalla tua azienda possono essere impiegati in uno o più dei seguenti modi:

1. Remunerare i soci attraverso i dividendi;
2. Ridurre il debito;
3. Espandere l'azienda;
4. Investire per diversificare.

La scelta che dovrai compiere alla fine di ogni anno fiscale sarà di bilanciare queste opzioni nel modo migliore in base alle esigenze dell'azienda e dei soci. È una scelta che farai secondo la tua visione strategica del business attuale e futura, del mercato, delle opportunità e dei concorrenti.

E', insomma, il solito dilemma tra scegliere l'uovo oggi o la gallina domani…

REMUNERARE I SOCI

Delle quattro opzioni in realtà solo la prima è, se vogliamo, più discrezionale ed è quella che toglie effettivamente ricchezza all'azienda e la ridistribuisce ai proprietari.

Se tu e i tuoi soci non avete un imminente bisogno di liquidità personale, allora in generale vale la regola che è sempre meglio contenere al minimo i dividendi distribuiti.

Distribuire i dividendi ai soci è fiscalmente penalizzante, soprattutto se i soci sono persone fisiche.

Ogni volta che distribuisci gli utili sotto forma di dividendi della tua azienda lo Stato italiano prende il 26% di imposte. Non è poco.

Se questi capitali non ti occorrono allora perché non investirli direttamente tramite l'azienda senza distribuirli?

Già facendo così avresti risparmiato il 26%.

Per questa ragione è meglio lasciare quanto più denaro possibile nel conto della tua azienda, per sfruttarne i vantaggi fiscali. Avrai sempre tempo, in futuro, di raccogliere i frutti, che saranno molto più abbondanti.

RIDURRE IL DEBITO

La seconda opzione, quella di ridurre il debito, riguarda ciò che prende il nome di "struttura del capitale" della tua azienda. Come imprenditore dovresti seguire una linea di gestione della struttura del capitale della tua azienda che tenga conto sia del rischio intrinseco del business che del costo del capitale (questi temi però esulano dall'argomento qui proposto).

In pratica dovresti porti questa domanda: "Quale rapporto tra il Debito e il Capitale Proprio è più adatto alla situazione della mia azienda anche considerando le prospettive ed i rischi di mercato e la crescita futura?"

Se la tua analisi ti conduce a voler ridurre il "rischio di default", cioè il rischio di non essere in grado di pagare tutti o parte degli interessi e dei debiti, allora alcuni utili li dovresti destinare a rifondere parte del debito che hai in essere. Anche se rinuncerai adesso a una quota del capitale guadagnato, oltre a ridurre il rischio per la tua azienda, avrai comunque il vantaggio che nel futuro le spese per gli interessi saranno inferiori e quindi potrai giovarti di un maggior flusso finanziario da gestire e, in caso, da investire.

ESPANDERE L'AZIENDA

La terza opzione, investire per far crescere l'azienda, riguarda soprattutto la domanda: "In quale fase del ciclo di vita si trova la mia azienda?"

Infatti, ogni fase di vita dell'azienda ha un differente fabbisogno finanziario.

INVESTIRE PER DIVERSIFICARE

La quarta possibilità, investire per diversificare, è ciò che ci interessa di più al momento. Anche se per rispondere adeguatamente molto dipende dagli altri tre punti, cioè dalla strategia che vuoi adottare.

Quindi, prima di continuare, anche per questa seconda opzione dovresti rispondere alla seguente domanda: "In quale fase del ciclo di vita si trova la mia azienda?"

Non è detto che tu debba scegliere per forza una delle

quattro opzioni. Molto spesso un imprenditore può scegliere di bilanciare le scelte su più opzioni contemporaneamente in modo tale da ottenere benefici in tutti i campi.

Nel prossimo capitolo vedremo come calcolare in modo semplice la Disponibilità Finanziaria Libera (DFL) della tua azienda che puoi utilizzare. Calcolata la DFL potrai già avere un'idea di quanti utili puoi utilizzare per diversificare investendo in azioni.

Per proseguire nel nostro scopo è prima di tutto necessario definire in quale fase del ciclo di vita si trova la tua azienda.

IL CICLO DI VITA DELLE AZIENDE

Ripassiamo insieme le 6 fasi della vita di un'azienda e cerchiamo di comprendere quando è il momento più appropriato per differenziare investendo in azioni.

FASE 1 - START-UP

In questa fase l'idea di business deve essere ancora testata a fondo. Alcune delle domande che dovrai porti sono le seguenti:

- Quant'è grande il tuo mercato di riferimento?
- Sarai in grado di far sopravvivere la tua azienda nei prossimi anni?
- Hai capitale sufficiente per pagare gli stipendi, investire in risorse e in marketing?

Molto spesso in questa fase le risorse in denaro prodotte non sono sufficienti a finanziare gli investimenti per la crescita e l'imprenditore deve ricorrere a delle fonti esterne. La regola generale, e contraria al pensiero comune di chi si lancia a fare l'imprenditore, è che per una start-up è sempre meglio non finanziarsi con capitale di debito specialmente da prestiti bancari.

Se la tua società si trova in questa fase così delicata non è proprio il caso di sottrarre "benzina" vitale al suo motore. L'ideale romantico dell'imprenditore che con la sua magica idea ed inesauribile passione riesce a superare tutti gli ostacoli fino a raggiungere il successo si scontra con la dura realtà: il 75% delle start-up non sopravvive più di 10 anni.

Lascia la diversificazione (e gli investimenti in azioni) per quando l'azienda sarà più matura e concentrati magari a definire la *proposta di valore* al cliente (CVP - Customer Value Proposition) e a trovare il target più redditizio e il mercato di riferimento per far decollare la tua idea.

FASE 2 - GIOVANE AZIENDA IN CRESCITA

L'azienda che si trova in questo stadio ha già sperimentato positivamente il suo prodotto o servizio sul mercato. Sa che c'è una domanda e che esistono clienti disposti a pagare per quello che offre. Se la *proposta di valore* è valida, le vendite aumentano rapidamente di anno in anno e per sostenerle l'imprenditore avrà bisogno di investire ulteriore denaro.

Infatti, è in genere questo il momento di espandere la propria presenza sul mercato attraverso il marketing ed il potenziamento della rete vendita e della parte operativa (servizio clienti, realizzazione del prodotto, fornitura del servizio, ecc. la così detta *catena del valore*).

Questo sforzo richiede ingenti risorse finanziarie. Per forza di cose la maggior parte dei proventi dovrà essere reinvestita nella crescita: nuovi dipendenti, potenziamento dei processi produttivi, acquisto di mezzi e macchinari, e così via. Dato che il rischio di non avere clienti è ridotto rispetto alla fase di Start-Up allora potresti valutare l'ipotesi se finanziare gli investimenti, in piccola parte e con tutte le precauzioni del caso, con del capitale di debito.

Per il nostro obiettivo, quello di investire in azioni, in questa fase dovresti limitarti a dirottare solo minime risorse allo scopo, ma che non siano vitali per l'azienda e per la sua crescita. Comunque, ritengo che in questa fase, come la precedente, sarebbe meglio rimanere focalizzati piuttosto che diversificare. Un proverbio cinese (o era russo?) dice che, per quanto si possa essere bravi, non si riescono a prendere due topolini contemporaneamente.

FASE 3 - AZIENDA IN ESPANSIONE

In questo stadio della vita dell'azienda il fatturato continua a crescere. Rispetto alla fase precedente adesso c'è una solida base di clienti che ha bisogno del prodotto o del servizio che offri. La tua *proposta di valore* è gradita ed i clienti pagano perché ne riconoscono la validità e, soprattutto, l'utilità per i loro bisogni.

Per mantenere questo tasso di crescita l'azienda ha necessità di finanziare continuamente nuovi investimenti. Lo può fare: con le risorse generate all'interno, con altro capitale esterno (finanziatori o banche) oppure adottando in modo bilanciato entrambe le soluzioni.

In questo caso ti trovi di fronte alla scelta tra dirottare un minimo di capitale per differenziare il tuo investimento cominciando a creare un piccolo portafoglio di investimento oppure se utilizzare il flusso finanziario generato esclusivamente per la crescita del business.

FASE 4 - AZIENDA MATURA IN CRESCITA

La tua azienda è una protagonista del settore, i clienti la riconoscono e sanno perfettamente quel è la *proposta di valore* offerta. Anche se la quota di mercato rispetto ai concorrenti continua a crescere cominci però a scorgere i confini del tuo mercato di riferimento.

Il fatturato, ormai a livelli interessanti, cresce ma non più ai ritmi di prima, comincia ad esserci una flessione. Da una parte l'azienda genera un flusso finanziario di un certo livello mentre dall'altra non ha più bisogno di ingenti investimenti per espandersi.

E' il momento di raccogliere i frutti del tuo lavoro.

Puoi decidere se investire acquistando altre aziende concorrenti o in mercati adiacenti ("diversificazione orizzontale", spesso consigliabile) da utilizzare come nuovi *veicoli di crescita*. Oppure scegliere di acquistare le aziende dei tuoi fornitori ("diversificazione verticale", spesso <u>altamente</u> sconsigliabile) per trovare delle sinergie sui costi di produzione.

Puoi anche decidere di aumentare a dismisura il tuo stipendio e goderti finalmente la vita come hai sempre desiderato. Oppure, con una visione più a lungo termine, scegliere se destinare una parte delle risorse alla diversificazione dei tuoi capitali investendo in altre aziende quotate in borsa.

FASE 5 - AZIENDA MATURA E STABILE

La tua azienda è arrivata all'apice della curva di crescita del fatturato. Il tuo mercato di riferimento ti riconosce come un protagonista; la tua posizione, rispetto ai concorrenti, è stabile.

Gli investimenti che hai fatto nel tempo rendono al massimo. In genere in questa fase le risorse finanziarie sono destinate in maggior misura al mantenimento degli investimenti (ad esempio, ai lavori di manutenzione ordinaria e straordinaria dei punti vendita o delle linee di produzione) e, in misura minore, all'espansione. In questa fase, se l'azienda continua ad espandersi, rischia di superare il punto oltre cui ogni nuovo punto vendita, ogni nuovo stabilimento costituiscono una perdita invece che un profitto.

Se l'azienda è in salute in questa fase hai a disposizione un ingente flusso di cassa "libero": risorse finanziarie che puoi utilizzare in modo strategico.

Puoi decidere di restituire tali risorse ai soci attraverso dei dividendi straordinari, puoi ridurre il debito, puoi acquistare altre aziende oppure puoi utilizzarle, almeno in parte, per differenziare investendo in azioni di società quotate.

In fondo un topolino l'hai già preso…

FASE 6 - AZIENDA IN DECLINO

La vecchiaia purtroppo colpisce tutti, anche le aziende.

Se non ricordo male, solo due o tre aziende che, negli anni '50 erano incluse nell'indice americano delle più grandi società, lo "Standard & Poor 500", sono rimaste ancora oggi in vita.

Questa è la fase in cui il tuo mercato di riferimento comincia a contrarsi. Vuoi per una rivoluzione tecnologica (vedi cosa accadde a Nokia o a Kodak), vuoi perché i bisogni dei clienti stanno volgendo in altre direzioni (vedi le società di tabacco o quelle petrolifere), oppure proprio perché la tua azienda non riesce a rinnovarsi come *proposta di valore* (vedi le varie compagnie aeree rispetto alle concorrenti low-cost), il fatturato comincia a inesorabilmente a diminuire.

Molto spesso sono processi inarrestabili. Non è possibile fare una statistica accurata e generalizzata, ma si è visto che in genere le società tecnologiche hanno un "invecchiamento" accelerato rispetto a quelle più tradizionali, a fronte di una velocità di crescita iniziale maggiore. Come dire che bruciano la candela dalle due estremità.

Lo stesso Warren Buffett, forse il più grande investitore del mondo, nel 1965 fece l'errore, da lui più volte ammesso, di acquistare la sua prima grande azienda, la Berkshire Hathaway Inc, quando era nella fase di declino.

La società, allora, si occupava di prodotti tessili. Ma ormai il destino era stato scritto anche per lei il suo business si stava deteriorando in modo inesorabile.

Nonostante gli ingenti investimenti e i manager tra i più bravi e capaci che si dedicavano anima e corpo per cercare di invertire la situazione, non ci fu niente da fare.

Sai cosa fece Warren Buffett quando si rese conto di aver commesso questo grave errore?

Cominciò a dirottare i flussi finanziari generati dalla Berkshire Hathaway non più verso il potenziamento delle linee di produzione, che anzi diede l'ordine di cominciare lentamente a smantellare, ma per differenziare investendo in azioni.

Da allora la Berkshire Hathaway ha fatto storia nel mondo della finanza. Si è trasformata da una società tessile sulla via del fallimento, alla più importante e rispettata conglomerata del mondo con una crescita media del 20,3% del valore all'anno, calcolato non su cinque o dieci anni ma su tutti i suoi 55 anni di vita!

Investendo in azioni con continuità, al momento in cui sto scrivendo, la Berkshire Hathaway Inc vale circa 585 miliardi di dollari, un quarto del PIL italiano.

Non a caso sono proprio queste le società che si prestano meglio alla strategia di investire per differenziare: le società in declino.

Spesso la contrazione delle vendite per un lungo periodo obbliga la società, se ben amministrata, alla vendita di beni (negozi, capannoni, ecc.) che non sono più necessari. Di conseguenza si liberano ingenti risorse finanziarie. E' esattamente ciò che serve per diversificare in modo intelligente.

Come direbbe Warren Buffett: "se ti trovi su una barca che affonda l'energia impiegata per saltare sulla barca vicina è più produttiva di quella impiegata per cercare di tappare i buchi".

Come calcolare quanto puoi investire (la DFI)

Quanto puoi investire dei tuoi utili?
La risposta a questa domanda non è semplice ed è molto soggettiva.

Per prima cosa dovresti fare un'attenta valutazione per capire in quale fase di crescita si trova la tua azienda come abbiamo visto nel capitolo precedente.

Ciò che affronteremo insieme qui di seguito è un procedimento veloce che ti permetterà di fare una stima di massima della Disponibilità Finanziaria Libera (DFL) della tua azienda, per poi arrivare alla Disponibilità Finanziaria per gli Investimenti (DFI) che rappresenta quanti capitali potrai destinare per acquistare azioni.

Se vuoi essere ancora più preciso però, la cosa migliore da fare, e che ti suggerisco vivamente, è quella di pianificare gli investimenti della tua azienda per i prossimi anni e calcolare la Disponibilità Finanziaria Libera (DFL) servendoti del Budget di Spesa.

Vediamo come calcolare la DFL in modo veloce per poi arrivare alla DFI. Premetto che a questo punto si rendono necessari alcuni semplici calcoli.

Iniziamo dai dati che ci occorrono:

1. La crescita in % del fatturato che hai stimato per il prossimo anno (G%)
2. Il fatturato dell'ultimo anno (Fatt)
3. L'utile al netto delle Imposte (Ut)
4. Il dato più aggiornato che puoi avere del Capitale Investito Netto (CapInv)

Sono dati che, se non hai, puoi farti fornire dal commercialista, almeno per i punti da 2 a 4. Chiedi al commercialista di sottrarre dagli utili i proventi o gli oneri straordinari caso mai ce ne fossero stati (Hai dismesso una linea di produzione? Hai dovuto sostenere delle ingenti spese legali per una causa? Hai venduto il tuo capannone?).

Tutti i calcoli che faremo sono su base annuale, in particolare sull'anno fiscale a cui si riferisce la chiusura del bilancio della tua azienda.

COME VALUTARE LA CRESCITA FUTURA

Riguardo il valore da attribuire alla crescita (G%), al punto 1, questo dipende molto in quale delle sei fasi si trova la tua azienda. Dovrai fare una stima, quindi analizza l'andamento del fatturato degli ultimi cinque anni e cerca di estrapolare se le vendite stanno accelerando oppure rallentando.

Come ogni aspetto che riguarda una previsione futura,

anche in questo caso il massimo che puoi fare è solo una stima. Non essendo un valore esatto non è il caso di utilizzare i numeri decimali.

PASSO UNO - CALCOLARE IL RAPPORTO VENDITE/CAPITALE INVESTITO NETTO (R)

Per poter vendere i suoi prodotti la tua azienda deve aver investito in Immobilizzazioni (materiali e immateriali) e nel Capitale Circolante.

Le Vendite sono il fatturato annuo, mentre la somma di tutte le Immobilizzazioni e del Capitale Circolante al netto della liquidità è il Capitale Investito Netto.

Più precisamente:

Capitale Investito Netto (R)
= Immobilizzazioni Materiali ed Immateriali
- Ammortamenti
+ Capitale Circolante
- Liquidità
- Immobilizzazioni Finanziarie
- Avviamento

Il rapporto Vendite su Capitale Investito Netto ti dà un valore di quanti euro di vendite fai per ogni Euro che hai investito nel ciclo operativo nell'azienda.

Ad esempio, se la tua società avesse 15 milioni di vendite fatturate e un Capitale Investito Netto di 10 milioni, allora:

R = Fatt / CapInv = 15 milioni/ 10 milioni = 1,5

La tua azienda riesce a vendere 1,5 euro di prodotti o

servizi per ogni euro investito.

PASSO DUE - CALCOLARE IL COEFFICIENTE DI REINVESTIMENTO (REINV%)

Il coefficiente di reinvestimento (Reinv%) è un elemento necessario da ricavare; è un valore specifico del tuo settore ma è anche caratteristico della tua azienda e della tua *proposta di valore* al cliente.

Per questo motivo spesso rimane abbastanza costante negli anni, soprattutto se l'azienda ha superato la fase di sviluppo iniziale e si trova nella fase tre o in quelle successive.

Se lo scorso anno hai venduto 15 milioni di euro con un Capitale Investito di 10 milioni, significa che se l'anno prossimo prevedi di vendere il doppio, cioè 30 milioni di euro, allora può essere ragionevole stimare che avrai bisogno di altri 10 milioni di Capitale Investito.

$$R = Fatt / CapInv = 30 \text{ milioni}/ 20 \text{ milioni} = 1,5$$

Come abbiamo detto il rapporto R non cambia molto nel tempo. Forse però nel tuo caso non sarà necessario ampliare, ad esempio, il reparto amministrativo e quindi gli investimenti necessari saranno leggermente inferiori.

Dovrai effettuare un'analisi di questo tipo per arrivare ad una stima plausibile del coefficiente di reinvestimento.

Se invece prevedi che le vendite cresceranno del 5%? Allora come fai a calcolare l'aumento relativo del Capitale Investito, cioè della parte di capitale che ti occorrerà reinvestire per poter mantenere quel tasso di crescita?

Ecco i dati del problema:

G (crescita) = 5%
Fatt = 30 milioni
R = 1,5
Capitale Investito = 20 milioni
Aumento CapInv = ?

Prima di tutto per calcolare il Reinvestimento necessario in % (Reinv%) rispetto al fatturato, applichiamo questa semplice formula:

Reinv% = G / R = 5% / 1,5 = 3,3%

Poi calcoliamo quant'è il fabbisogno di reinvestimento:

FabbCapInv = Reinv% x Fatt = 3,3% x 30 mln = 0,99 mln

Per poter incrementare il tuo fatturato del 5% molto probabilmente (è un'approssimazione) avrai bisogno di investire circa un milione di euro. L'anno successivo il Capitale Investito Netto salirà a circa 21 milioni.

PASSO TRE - CALCOLARE QUANTO DENARO HAI A DISPOSIZIONE: LA DFL

Una volta che hai calcolato il fabbisogno di capitale per la tua azienda sei pronto per decidere quanto, dell'utile residuo, hai disponibile per investire.

Ritorniamo all'esempio precedente. La tua azienda, che quest'anno fattura 30 milioni con un utile di 2,5 milioni, crescerà del 5% il prossimo anno. Quanto puoi potenzialmente investire?

Abbiamo già visto che non investirai tutto l'utile in quanto una parte occorrerà all'azienda per espandersi.

Il calcolo è molto semplice:

Disponibilità Finanziaria Libera (DFL)
= Utile Netto
- Aumento CapInv
= 2,5 mln - 0,99 mln = 1,51 mln

Siamo quasi arrivati alla fine. Questi capitali "liberi" quindi che potenzialmente puoi investire, non è detto che li vorrai destinare tutti alla strategia di diversificazione.

Magari potrebbe essere il caso che i tuoi soci non sono d'accordo sulla tua strategia di reinvestirli completamente e preferiscono riceverne una parte come dividendo.

Prima di distribuire i dividendi ricorda ancora una volta ai tuoi soci che subiranno una tassazione al 26%. I dividendi sono sempre fiscalmente poco convenienti rispetto ad un investimento in azioni, come abbiamo visto nel capitolo sul regime PEX. In pratica con i dividendi rinunci ad un euro ogni quattro che hai guadagnato. O, per usare una similitudine più comune, se hai cucinato una bella torta e l'hai divisa in quattro fette a te ne resteranno solo tre.

Se purtroppo i tuoi soci insistono e ti richiedono di distribuire almeno la metà dei dividendi (Rapporto di distribuzione degli utili R% = 50%), allora, per arrivare alla tua Disponibilità Finanziaria per gli Investimenti dovrai moltiplicare la DFL per il 50%.

DFI = DFL x R% = 1,51 mln x 50% = 0,775 mln = 775.000 euro

Ti propongo un semplice schema da usare come

riferimento rapido con cui puoi velocemente calcolare la Disponibilità Potenziale Finanziaria (DPF) e la DFI della tua azienda:

<u>Dati iniziali:</u>

Fatturato (Fatt) = ___

Capitale Investito Netto (CapInv) = ___

Crescita Fatturato Prevista in % (G) = ___

Utile Netto (U) = ___

Rapporto di distribuzione degli utili (R%) = ___

Calcoli:

Ricava il Rapporto Fatturato / Capitale Investito Netto (R):

R = Fatt / CapInv = ___/ ___= ___

Calcola il Reinvestimento in % (Reinv%):

Reinv% = G / R = ___/ ___= ___

Calcola il fabbisogno di reinvestimento per il prossimo anno:

FabbCapInv =Fatt x Reinv% = ___x ___= ___

Calcola la Disponibilità Finanziaria Potenziale:

DFP = Utili - FabbCapInv = ___ - ___ = ___

Disponibilità Finanziaria per gli Investimenti:

DFI = DFP x R% = ___ x ___ = ___

Come definire la grandezza delle singole posizioni

Negli investimenti finanziari si definisce "posizione" nient'altro che la quantità di denaro investita in un singolo strumento finanziario.

Se, ad esempio, hai 10'000 azioni FCA (Fiat-Chrysler) la tua posizione su FCA sarà, al momento in cui scrivo, di circa 140'786 euro.

La strategia di investimento che stiamo applicando prevede di avere 24 aziende differenti in portafoglio nel corso dell'anno.

In questo modo acquisterai sistematicamente due aziende al mese nel corso dell'anno.

Premesso che ogni azienda che acquisterai avrà lo stesso peso nel tuo portafoglio di fine anno, dovrai dividere la tua Disponibilità Finanziaria per Investimenti (DFI) per il numero di aziende che vorrai tenere in portafoglio nell'anno. Nel nostro caso le posizioni sono 24.

Seguendo l'esempio del capitolo precedente, dove la

tua azienda aveva una Disponibilità Finanziaria per gli Investimenti dopo aver distribuito il dividendo di 775.000 euro, allora la grandezza di ogni singola posizione sarà, arrotondando, di:

775.000 euro / 24 aziende = 32.300 euro

Ogni volta che selezionerai un'azienda, allora comprerai un numero complessivo di azioni pari a circa il valore di 32.300 euro. Ad esempio, se decidessi di acquistare FCA che in questo momento quota 14,78 euro per azione, allora dovrai svolgere questo semplice calcolo:
32.300 / 14,78 = 2.185,38

Arrotondando per difetto dovrai acquistare 2.185 azioni.

UN ERRORE COMUNE

Lo sbaglio più comune che puoi fare con la grandezza delle posizioni è quello di renderle "elastiche". A volte, se un'azienda non ti convince per qualche ragione, ne acquisti meno di quanto calcolato. Altre volte, se l'azienda ti piace molto, ne acquisti in numero maggiore. E' un errore che fanno in molti, ma, a meno che tu non sappia calcolare il valore intrinseco di un'azienda, in realtà non stai facendo altro che investire seguendo le tue emozioni, il tuo "istinto". Un suggerimento: non lo fare, attieniti al piano e investi quanto previsto dai calcoli.

La grandezza della posizione, una volta calcolata, la dovrai mantenere per tutto l'anno. Quindi nel nostro esempio le posizioni nelle società acquistate a gennaio e quelle acquistate a dicembre dello stesso anno saranno della stessa grandezza, cioè di 32.300 euro per ogni società selezionata.

Per ricapitolare ricorda che ogni mese, attenendoti alla strategia, dovrai acquistare due aziende, fra quelle che ti dirà la Magic Formula che vedremo più avanti, ognuna per una posizione pari a 32.300 euro. E così via, di mese in mese, per tutto l'anno. Finito l'anno, ricalcolerai la DFI dal nuovo bilancio della tua azienda e ridefinirai l'ampiezza delle nuove posizioni (solo di quelle nuove, non di quelle già in essere) tenendo conto anche del capitale accumulato.

Come funziona la
Formula di Greenblatt

Come ho già ricordato, non ho inventato nulla. Non voglio prendermi dei meriti che non mi spettano. La formula che vedremo passo passo si basa, come abbiamo già visto, su quella molto conosciuta nel mondo degli investitori che prende il nome di "Magic Formula" inventata da Joel Greenblatt.

Questa formula è tutt'ora ampiamente utilizzata dai così detti investitori "value", coloro che acquistano le azioni tenendo conto del valore effettivo (il valore intrinseco) dell'azienda rispetto al prezzo.

Nei capitoli precedenti abbiamo analizzato insieme perché è bene acquistare le azioni di un'azienda solo se è un'ottima azienda. E per fare questo, senza diventare degli esperti analisti finanziari, utilizziamo il ROIC, che è un indicatore di quanto rende ogni anno l'attività dell'azienda rispetto al capitale investito.

Ma non basta. Oltre a trovare una buona azienda, questa deve essere disponibile per essere acquistata ad un prezzo scontato. Per trovare le azioni "vendute a sconto" utilizziamo il rapporto Prezzo su Utili (P/u o in inglese P/E - Price to Earnings ratio).

Con questi due parametri: qualità dell'azienda e sconto sul prezzo di acquisto, siamo pronti per porci la domanda successiva: Come possiamo fare affinché l'indicatore di qualità (il ROIC) e l'indicatore di sconto (il P/E) si compongano tra loro per indicarci quali sono le migliori aziende che sono contemporaneamente anche scontate?

IL PUNTEGGIO DI QUALITÀ ED IL PUNTEGGIO DI SCONTO

Per rispondere a questa domanda dobbiamo eseguire innanzi tutto due operazioni di "ordinamento" delle aziende, la prima per il P/E, dal più basso al più alto, la seconda per ROIC dal migliore al peggiore.

In questo modo avremo una lista dove le aziende sono ordinate dal P/E più basso, che sarà quindi quella più a sconto e che avrà il numero 1, fino a quella con il P/E più alto che sarà l'ultima quella più cara. Lo chiameremo "Punteggio di Sconto".

Poi avremo una seconda lista delle stesse aziende, ma questa volta ordinate dal ROIC più alto al più basso cioè dalla migliore alla peggiore.

Ogni azienda della lista è numerata da 1, quella con il ROIC più elevato, quindi quella che ha un rendimento sul capitale molto buono, fino all'ultima che sarà quella che avrà il ROIC più basso di tutte. Lo chiameremo "Punteggio di Qualità".

In definitiva ogni azienda avrà due punteggi: il Punteggio di Sconto per il suo P/E il Punteggio di Qualità per il suo ROIC.

Ci saranno aziende che avranno un ottimo Punteggio

di Qualità ma uno scarso Punteggio di Sconto, sono buone aziende ma per ora sono troppo care per noi.

Al contrario ci saranno aziende con un ottimo Punteggio di Sconto ma con un basso Punteggio di Qualità, costano poco ma valgono anche poco.

IL PUNTEGGIO DI VALORE

A noi interessano le aziende che hanno sia un buon Punteggio Qualità che un buon Punteggio di Sconto.

Per trovarle dobbiamo eseguire una semplice addizione tra il Punteggio di Sconto e il Punteggio di Qualità. Il risultato sarà un terzo numero: il Punteggio di Valore.

Punteggio di Valore = Punteggio di Sconto + Punteggio di Qualità

Ogni azienda della nostra lista avrà un Punteggio di Valore che è la combinazione tra la qualità del business e il prezzo delle sue azioni.

I migliori business, che costano anche poco, sono quelli che avranno il Punteggio di Valore più basso. Sono questi che ci interessa acquistare.

Le operazioni della Magic Formula di Greenblatt consistono proprio in questo:

1. Scegliere una lista di aziende quotate in borsa;
2. Ordinare le aziende partendo dal P/E più basso fino al più alto ed attribuire il Punteggio di Sconto ad ognuna in base alla posizione in cui si trova
3. Ordinare le aziende dal ROIC più alto al più basso ed attribuire il Punteggio di Qualità ad ognuna in

base alla posizione in cui si trova;

4. Addizionare per ogni azienda i due punteggi ed ottenere il Punteggio di Valore;

5. Ordinare le aziende dal Punteggio di Valore più basso al più alto;

6. Scegliere di acquistare le azioni tra le aziende con il Punteggio di Valore più basso che sono le migliori.

Nei prossimi capitoli troverai i passaggi per applicare da solo questa strategia di investimento.

Come vedi è un vero e proprio "procedimento operativo" come un programma per computer.

Ricorda però che la strategia non si limita solo alla formula di Greenblatt, cioè quali aziende acquistare, ma riguarda anche:

- come gestire il tuo portafoglio azionario nel corso dell'anno;
- come e quando vendere;
- quanto investire;
- come ridurre al minimo l'impatto fiscale.

Questi aspetti li esamineremo nei capitoli che seguono.

Come scegliere le azioni da acquistare

Vorrei innanzi tutto chiarire che le aziende che cito in questo esempio sono state selezionate solo per spiegare come fare in modo pratico, <u>non ti sto consigliando di acquistarle.</u>

Ricorda che questo e il prossimo capitolo richiedono l'uso di un foglio di calcolo e di eseguire alcune operazioni che possono essere più chiare se spiegate praticamente. Se lo desideri puoi fare riferimento al video che trovi al solito link <u>www.giorgiopriori.it/bonus</u> .

Detto questo entriamo nel vivo.

Come ricorderai, dobbiamo selezionare le aziende in base a due parametri principali: il P/E o Prezzo su Utile che ci dà un'informazione su un possibile sconto da parte del mercato, e il ROIC o Ritorno sul Capitale Investito che dà un'indicazione della qualità dell'azienda e del suo business.

Per prima cosa selezioneremo le aziende in base al P/E (o P/u per le aziende italiane) e determineremo il Punteggio di Sconto. Poi andremo ad attribuire ad ognuna il suo ROIC e il relativo Punteggio di Qualità.

Una volta ottenuti i due punteggi, calcoleremo il Punteggio di Valore per determinare le migliori aziende che hanno un prezzo scontato.

Tra queste sceglieremo casualmente (si, proprio così) due aziende da mettere nel portafoglio. Il mese successivo faremo daccapo tutta la procedura e ne sceglieremo altre due, e così via ogni mese.

Ecco quali sono i passaggi:

1. Selezionare preliminarmente alcune aziende in base al loro P/E;
2. Trovare i rispettivi valori del ROIC;
3. Determinare il Punteggio di Sconto;
4. Determinare il Punteggio di Qualità;
5. Calcolare il Punteggio di Valore;
6. Scegliere le azioni da acquistare.

A meno che tu non abbia accesso a degli strumenti specifici per gli investitori, i così detti "stock screeners" (filtri per le azioni) che ti permettono di ottenere delle tabelle sulla base di cui poi fare tutti i calcoli, ti suggerisco di procedere come di seguito ed otterrai comunque un ottimo risultato.

LA SELEZIONE PRELIMINARE DELLE AZIENDE E IL P/U

Supponiamo che tu voglia investire esclusivamente in aziende quotate a Piazza Affari, quindi aziende del mercato italiano. Puoi iniziare la tua selezione prendendo la terz'ultima pagina "Indici & Numeri" di "Il Sole 24 Ore". Nella pagina troverai molte tabelle: a noi interessa quella della "Borsa Italiana". Ricorda che avrai bisogno anche di un foglio Excel per poter registrare le aziende ed i relativi valori che trovi.

Nella tabella "Borsa Italiana" di Il Sole 24 Ore sono elencate tutte le aziende quotate in ordine alfabetico. Ci sono 15 colonne, quelle che ci interessano però sono solamente due: il Nome dell'azienda e la colonna P/u.

Quest'ultima, ti ricordo, è l'equivalente italiano del rapporto P/E che, come abbiamo visto precedentemente, è il rapporto tra il prezzo pagato per ogni azione e l'utile che ha generato l'azienda per quell'azione. Sappiamo ormai che maggiore è il P/u e più l'azione sarà "cara", mentre minore è il P/u più l'azione sarà a "sconto".

Ecco come procedere:

- Semplicemente scorri con in mano un evidenziatore in ordine alfabetico tutte le aziende dalla A alla Z;
- Evidenzia solo le aziende con un P/u superiore a 4 ma inferiore a 15;
- Nella selezione escludi tutte le società del settore finanziario: banche, assicurazioni, società di investimento, e così via (io escludo anche le farmaceutiche, ma altri investitori no);
- Sul foglio Excel riporta tutte le aziende che hai selezionato con accanto il valore P/u.
- Ecco, ad esempio, come potrebbe apparire la tabella su Excel:

Nome Società	P / u
1 A2a Spa	10,36
2 Aeffe Spa	9,07
3 Ambienthesis Spa	14,64
4 Arnoldo Mondadori Editore Spa	13,28
5 Autostrade Meridionali Spa	13,93
6 Avio Spa	11,24
7 B & C Speakers Spa	13,53
8 Buzzi Unicem Spa	8,49
9 Cementir Holding Nv	13,49
10 Centrale Del Latte D'italia Spa	7,39
55 Techedge Spa	12,44
56 Technical Publications Service Spa	12,06
57 Unieuro Spa	10,89
58 Vianini Spa	13,07

In questa selezione delle aziende italiane quotate in borsa, che ho preso come esempio al momento di scrivere, risultano essere 58 quelle che soddisfano i criteri preliminari: cioè che hanno un P/u superiore a 4 ma inferiore a 15 e che non fanno parte del settore finanziario.

TROVARE I VALORI DI ROIC

Adesso che hai registrato tutti i valori del P/u per le varie aziende puoi passare ai valori del ROIC. Purtroppo, però questi non sono presenti su Il Sole 24 Ore e dovrai trovare una soluzione differente.

Per farlo esistono vari siti di finanza da cui puoi ricavare questo valore, personalmente utilizzo www.morningstar.com. Come vedi preferisco, per praticità di utilizzo, la versione inglese che finisce con ".com" e non quella italiana che finisce con ".it". Alternativamente puoi verificare se la piattaforma di trading della tua banca ti mette a disposizione, come è probabile che sia, i valori caratteristici delle aziende quotate.

Ecco come fare:

- Dal sito della Morningstar.com cerca le società che hai messo nella lista. Basterà che tu inserisca il nome nel riquadro in alto a sinistra;
- Una volta trovata la società, sotto il suo nome, compare un menù orizzontale, seleziona la voce "Operating Performance";
- Ti si aprirà una tabella con gli anni in alto e alcune voci sulla sinistra. Incrocia la voce "Return on Invested Capital %" con la colonna con scritto TTM (Trailing Twelve Months - Valore degli ultimi dodici mesi);
- Il valore che troverai sarà un valore simile al valore del ROIC che andrai a copiare vicino al valore P/u della tua tabella;
- Ripeti questo procedimento finché non avrai i valori ROIC di tutte le aziende che hai selezionato.

Terminato questo passaggio la tua tabella sarà simile a quella in figura.

Nome Società	P / u	ROIC (%)
1 A2a Spa	10,36	5,97
2 Aeffe Spa	9,07	4,29
3 Ambienthesis Spa	14,64	4,56
4 Arnoldo Mondadori Editore Spa	13,28	8,36
5 Autostrade Meridionali Spa	13,93	-3,64
6 Avio Spa	11,24	6,13
7 B & C Speakers Spa	13,53	26,33
8 Buzzi Unicem Spa	8,49	7,59
9 Cementir Holding Nv	13,49	6,52
10 Centrale Del Latte D'italia Spa	7,39	4,82
55 Techedge Spa	12,44	13,82
56 Technical Publications Service Spa	12,06	13,28
57 Unieuro Spa	10,89	6,83
58 Vianini Spa	13,07	1,14

DETERMINARE IL PUNTEGGIO DI SCONTO

Finalmente hai tutti i dati che ti occorrono per applicare la formula di Greenblatt.

La prima cosa che dovrai fare è di assegnare il Punteggio di Sconto alle aziende. Non farai altro che:

- Creare una seconda colonna sulla destra del foglio Excel che chiamerai "Punteggio di Sconto";
- Ordinare con la funzione "Ordina" di Excel le aziende dal P/u più basso (le più a sconto) a quello più alto (le più care);
- Scrivere in sequenza i numeri (partendo da 1 fino all'ultima azienda) per ordinare le aziende (quella che ha il P/u più basso avrà il numero 1 quella successiva avrà il 2 e così via…);
- Questi numeri non sono altro che il Punteggio di Sconto di ogni singola azienda rispetto alle altre.

Ecco come apparirà la nostra tabella di esempio dopo questa operazione.

Nome Società	P / u	ROIC (%)	Punteggio di Sconto
1 Maire Tecnimont Spa	5,10	12,34	1
2 D'amico International Shipping Sa	5,34	6,75	2
3 Portobello Spa	5,61	35,21	3
4 Italian Exhibition Spa	5,80	4,03	4
5 Sit Spa	6,81	9,25	5
6 Centrale Del Latte D'italia Spa	7,39	4,82	6
7 Sogefi Spa	7,51	1,02	7
8 Poligrafici Printing Spa	7,81	4,63	8
9 Fnm Spa	8,21	7,29	9
10 La Doria Spa	8,25	12,78	10
55 Renergetica Spa	14,22	32,27	55
56 Gpi Spa	14,59	6,36	56
57 Ambienthesis Spa	14,64	4,56	57
58 Fope Spa	14,81	15,50	58

Come puoi vedere, le aziende adesso sono ordinate da quella che ha il P/u più basso, a cui abbiamo attribuito il

Punteggio di Sconto pari a 1, a quella con il più alto P/u con Punteggio di Sconto di 58.

DETERMINARE IL PUNTEGGIO DI QUALITÀ

E' il momento di classificare le aziende secondo il Punteggio di Qualità. Lo farai in modo analogo.

- Nella stessa tabella ordina tutte le aziende (senza dimenticare le colonne del P/u, e del Punteggio di Sconto appena riempite) dal ROIC più alto (aziende di qualità maggiore) al più basso (aziende di qualità inferiore);
- Crea a fianco la colonna del Punteggio di Qualità;
- Attribuisci in questa colonna il Punteggio di Qualità di 1 alla società che ha il ROIC più alto, poi il 2 alla seconda e così via fino all'ultima che sarà quella che ha il ROIC più basso di tutte.

Nella tabella seguente puoi vedere il risultato di questo passaggio.

Nome Società	P / u	ROIC (%)	Punteggio di Sconto	Punteggio di Qualità
1 Portobello Spa	5,61	35,21	3	1
2 Gvs Spa	10,92	33,77	27	2
3 Piovan Spa	13,94	32,28	52	3
4 Renergetica Spa	14,22	32,27	55	4
5 Sebino Spa	10,37	27,37	21	5
6 B & C Speakers Spa	13,53	26,33	48	6
7 Doxee Spa	13,67	21,88	50	7
8 Salcef Spa	11,66	20,22	32	8
9 Mondo Tv France Sa	12,65	16,72	39	9
10 Gibus Spa	12,58	15,99	38	10
55 Sogefi Spa	7,51	1,02	7	55
56 Poste Italiane Spa	8,30	0,52	11	56
57 Il Sole 24 Ore Spa	12,01	-2,84	33	57
58 Autostrade Meridionali Spa	13,93	-3,64	51	58

CALCOLARE IL PUNTEGGIO DI VALORE

Se ci fai caso, le aziende che hanno il miglior Punteggio di Qualità non hanno, in genere, il miglior Punteggio di Sconto. Ad esempio, la "Piovan S.p.A." ha il terzo miglior ROIC in assoluto ma ha solo il 52 Punteggio di Sconto, tra gli ultimi.

Adesso sei finalmente pronto per calcolare il Punteggio di Valore, cioè la combinazione tra il Punteggio di Qualità e il Punteggio di Sconto.

Ecco come procedere:

- Crea una colonna sulla destra del foglio Excel che chiamerai "Punteggio di Valore";
- In questa colonna, per ogni azienda, immetti la formula che calcolare la somma del Punteggio di Qualità e del Punteggio Valore dell'azienda;
- Ordina la tabella del Punteggio di Qualità più basso a quello più alto.

Avrai un risultato simile al seguente.

Nome Società	P / u	ROIC (%)	Punteggio di Sconto	Punteggio di Qualità	Punteggio di Valore
1 Portobello Spa	5,61	35,21	3	1	3
2 Maire Tecnimont Spa	5,10	12,34	1	17	17
3 Gvs Spa	10,92	33,77	27	2	54
4 D'amico International Shipping Sa	5,34	6,75	2	33	66
5 Sit Spa	6,81	9,25	5	20	100
6 Sebino Spa	10,37	27,37	21	5	105
7 Piovan Spa	13,94	32,28	52	3	156
8 La Doria Spa	8,25	12,78	10	16	160
9 Ilpra Spa	9,42	13,77	15	14	210
10 Italian Exhibition Spa	5,80	4,03	4	53	212
55 Vianini Spa	13,07	1,14	42	54	2268
56 Reti Spa	14,03	5,09	54	44	2376
57 Ambienthesis Spa	14,64	4,56	57	50	2850
58 Autostrade Meridionali Spa	13,93	-3,64	51	58	2958

SCEGLIERE LE AZIONI DA ACQUISTARE

Sei finalmente arrivati alla fine! Hai trovato le aziende che sono contemporaneamente più redditizie (minore Punteggio di Qualità) e a maggiore sconto rispetto alle altre (minore Punteggio di Sconto).

Adesso puoi scegliere due tra le prime dieci aziende della lista, due qualsiasi di quelle che già non hai in portafoglio. Statisticamente una scelta casuale tra le migliori non determinerà differenze rilevanti nei risultati.

Nel caso molto remoto che avessi già tutte e dieci le aziende in portafoglio allora passa all'undicesima, poi alla dodicesima e così via.

Se utilizzi altri siti potrebbe capitarti di trovare, invece del valore del ROIC, il ROI (Return on Investment). Questo non è esattamente l'equivalente del ROIC (Return on Invested Capital). In particolare, il ROI considera il capitale investito totale e non sottrae la liquidità di cassa. In questo modo si penalizzano le aziende che hanno molta liquidità (perché avranno un ROI più basso) rispetto a quelle che invece ne hanno meno (avranno un ROI più elevato).

Per i nostri scopi, senza complicare troppo, va bene anche così: puoi continuare a fare le tue selezioni come ti ho mostrato.

Nel capitolo bonus "Per i più esperti" approfondiremo meglio questi aspetti.

Quando comprare e quando vendere

D opo aver scelto di acquistare le migliori aziende a sconto, dobbiamo ritornare al concetto di Gestione del Capitale (Money Management). Come puoi ormai immaginare sapere quali azioni acquistare è solo una parte del processo di investimento.

In questo e nei prossimi capitoli vedremo:

- Quando comprare e quando vendere;
- Come ottenere i massimi benefici fiscali (sfruttare il regime PEX);
- Quando è il caso di vendere anche se non è passato un anno;
- Quando ricalcolare la grandezza delle singole posizioni.

QUANDO COMPRARE E QUANDO VENDERE

Per tenere traccia dei tuoi investimenti (lo dovresti fare fin da subito per non complicati eccessivamente il lavoro a fine anno) ti occorre il Registro di Investimento.

Dal momento in cui deciderai di iniziare, tutto il primo anno lo passerai ad acquistare due aziende al mese.

Ogni mese ripeterai tutta la procedura di selezione vista nel capitolo precedente per trovare le aziende con il miglior Punteggio di Valore tra le quali sceglierne due.

Per ogni azienda acquisterai un equivalente di azioni pari al prezzo della singola azione diviso la grandezza della posizione che hai calcolato ad inizio anno (vedi il capitolo Come definire la grandezza delle singole posizioni).

Se ripeterai questo procedimento per tutti i dodici mesi, alla fine dell'anno avrai investito tutta la Disponibilità Finanziaria per gli Investimenti (DPI) della tua azienda ed avrai in portafoglio 24 aziende.

Di queste 24 ne avrai due acquistate quasi dodici mesi fa, altre due undici, e così via fino alle ultime due che avrai acquistato da pochi giorni.

Terminati i primi dodici mesi, passerai alla fase di vendita e di nuovi acquisti. Ogni mese venderai le azioni delle aziende che hai acquistato dodici mesi prima.

Nel caso in cui una delle aziende fosse ancora nella lista, allora potrai valutare se venderla oppure tenerla per un altro anno. Subito dopo sostituirai quelle vendute con altre aziende scelte dalla lista aggiornata.

Ricorda che dal dodicesimo mese in poi il tuo portafoglio avrà sempre circa ventiquattro aziende.

Come ottenere i massimi benefici fiscali (sfruttare il regime PEX)

Nota bene che ogni volta che acquisterai le azioni di un'azienda, dovrai chiedere al tuo commercialista di iscriverle nelle Immobilizzazioni Finanziarie. <u>Se non lo farai non potrai usufruire del regime fiscale agevolato PEX.</u>

Quando vendi, per ottenere il massimo beneficio fiscale, ricordati di seguire queste istruzioni:

Se dopo 12 mesi vendi un'azienda in perdita, fallo <u>prima che sia trascorso un anno</u> dall'acquisto (ad esempio se le hai comprate il 27 gennaio del 2020 ma dopo quasi un anno sono in perdita allora dovresti assicurarti di venderle al massimo il 26 gennaio 2021!);

Se dopo 12 mesi vendi un'azienda che è in guadagno, fallo <u>solo dopo che è trascorso un anno</u> (se le hai acquistate il 27 gennaio 2020 e sono in guadagno allora vendile solo dopo il 28 gennaio 2021).

Solo così facendo potrai beneficiare del regime PEX, cioè:

- Nel caso di plusvalenza (le azioni sono aumentate di valore da quando le hai acquistate), allora di tutto il guadagno solo il 5% contribuirà all'utile in bilancio della tua società;
- Nel caso di minusvalenze (le azioni sono diminuite di valore), tutta la perdita sarà deducibile dal bilancio della tua azienda.

Quando è il caso di vendere anche se non è passato un anno

A questa procedura, acquistare ogni dodici mesi le azioni di due società e rivendere quelle acquistate dodici mesi prima, puoi derogare solo in due casi particolari:

1. Il prezzo delle azioni di una società che hai in portafoglio è sceso di oltre il 25%;
2. Il prezzo delle azioni di una società che hai in portafoglio è salito di oltre il 100%.

Nel primo caso potresti trovarti di fronte ad un'azienda che è effettivamente in seria difficoltà. E' quindi il caso di vendere per ridurre le perdite. Non essendo passato un anno, la minusvalenza la potrai almeno andare a dedurre interamente dal prossimo bilancio.

Nel secondo caso invece, hai il problema opposto, e

dovresti porti questa domanda: Mi accontento di quanto ho guadagnato oppure aspetto nel caso salgano ancora?

Se le azioni di un'azienda hanno guadagnato il 100% da quando le hai acquistate significa che hanno raddoppiato il loro valore. Però non puoi sapere se cresceranno ancora oppure se, al contrario, cominceranno a scendere.

Magari alla fine dei dodici mesi avranno quadruplicato il loro valore (o anche di più) oppure saranno tornate vicino al valore di acquisto. Non preoccuparti, questi dubbi non li hai solo tu, sono pane quotidiano anche per gli investitori professionisti, come mi accingo a raccontarti.

Mi è capitato recentemente di trovarmi in una situazione del genere con una società americana che vendeva arredamenti, la Kirkland Inc.

A fine aprile l'avevo acquistata al prezzo di 0,92 dollari per azione. Dopo soli tre mesi il prezzo era salito a 5,91 dollari, e così ho pensato: "Ho fatto un bel colpo: ho moltiplicato per 5 l'investimento iniziale, qualcosa che capita raramente in un anno e soprattutto in così pochi mesi".

Senza indugio ho chiuso la posizione, cioè ho venduto tutte le azioni e ho incassato la plusvalenza, anche se in questo modo non ho potuto usufruire del regime PEX. Infatti, avevo tenuto le azioni per meno di un anno.

Moltiplicare per cinque l'investimento è qualcosa che ti dà un piccolo brivido per la soddisfazione e quindi, pago del "colpaccio" ho venduto. Ma è stato uno dei miei più grandi errori degli ultimi anni!

Infatti, a fine dicembre, dopo soli altri cinque mesi, le azioni della Kirkland erano salite a 20 dollari!

Se avessi avuto pazienza resistendo alla spinta

emotiva di incassare subito avrei moltiplicato il mio investimento iniziale per 20 volte, non per "sole" 5 volte!

"Dura lex sed lex".

Speriamo che la prossima volta sia in grado di gestire meglio le mie emozioni.

Purtroppo, per evitare errori del genere non ci sono formule matematiche.

La cosa che però potresti fare è di verificare se l'azienda ha ancora un elevato Punteggio di Valore. Ripeti le operazioni dei capitoli precedenti e verifica in che posizione si trova rispetto alle altre. Se è ancora abbastanza in alto (tra le prime 20/30 aziende) allora forse non è il caso di vendere perché l'azienda è ancora un'ottima scelta e probabilmente continuerà ad aumentare di valore. Se invece si trovasse nelle ultime posizioni allora potrebbe essere proprio il caso di venderla.

Ma se ancora non fossi sicuro di come comportarti allora potresti fare la seguente considerazione: vendendole prima che sia passato un anno allora tutte le plusvalenze contribuiranno a formare l'utile della tua società. Facendo una valutazione sul bilancio societario come impatterà sugli utili?

Se quest'anno avessi molti costi operativi in bilancio allora potrebbe convenire fare cassa e vendere queste azioni. Oppure potrebbe convenire aspettare che passi un anno dall'acquisto per sfruttare il regime PEX, sperando che non scendano.

Quando ricalcolare la grandezza delle singole posizioni

La nostra strategia di investimento prevede che ogni anno, in base alla disponibilità finanziaria dell'azienda, tu proceda ad aumentare il capitale investito. Per farlo dovrai ricalcolare ad inizio anno la Disponibilità Finanziaria per gli Investimenti (DFI) della tua azienda in base al bilancio dell'anno appena concluso ed alle scelte sui dividendi.

Ricordati di calcolare la nuova DFI solo facendo riferimento agli utili operativi, cioè il flusso di denaro proveniente dalla tua attività d'impresa.

Per chiarire, supponi che il primo anno tu abbia avuto una DFI di 100.000 euro. Hai investito con singole posizioni del valore di 4.170 euro (100.000/24 posizioni) e a fine anno hai maturato una plusvalenza netta di 12.000 euro. Il secondo anno la parte operativa della tua azienda ti permette di avere una DFI di 120.000 euro, ma questo valore deriva dal solo ciclo operativo della tua azienda, non include i 12.000 euro delle plusvalenze.

Per calcolare la grandezza delle singole posizioni dovrai sommare <u>tutte</u> le disponibilità finanziarie passate e presenti:

+ 100.000 euro (DPI del primo anno)
+ 12.000 euro (plusvalenza dagli investimenti del primo anno)
+ 120.000 euro (DPI del secondo anno)
= 232.000 euro

E dividerla per 24:

232.000 euro / 24 = 9.670 euro

Dal prossimo acquisto la singola posizione sarà di 9.670 euro invece che di 4.170 euro.

Ti arrenderai?

Il più grande vantaggio di un investitore non è il suo quoziente intellettivo, è la pazienza e l'attesa.

Mohnish Pabrai

Abbiamo terminato, tutto qui. La strategia per investire è questa, non c'è altro. Puoi iniziare a farlo da oggi. Ma...

C'è un grandissimo "ma" che fa di questa semplice strategia una sfida per molti e probabilmente anche per te.

Per riuscire ad avere dei risultati interessanti la dovrai applicare con costanza e disciplina. Lo dovrai continuare a fare anche quando vedrai che le azioni inizialmente saranno in perdita. E la stessa costanza e disciplina le dovrai mantenere in un arco di tempo molto lungo.

Non è una questione di essere più intelligenti degli altri: in questo campo vince chi è più disciplinato e razionale rispetto agli altri.

E' la prospettiva del lungo termine che ti garantisce risultati da capogiro, ma è anche quella che più probabilmente ti porterà a non riuscire.

Si, è molto probabile che ad un certo punto ti arrenderai senza essere arrivato a nulla. Sarai tra quel 95%

di persone che hanno provato questa strategia, ma che si sono arrese.

E' quasi sicuro che non riuscirai, a meno che tu non abbia la disciplina e la pazienza per portarla avanti fino alla noia.

Ricorda che la scelta delle aziende migliori è solo una piccola parte di tutta la strategia, ed è anche la più facile.

La parte più difficile, quella per cui anche gli investitori professionisti rinunciano, è che questa strategia richiede pazienza e disciplina.

I frutti non li vedrai subito. Potrebbero passare anche due o tre anni, come chiaramente ci spiega Greenblatt nel suo libro, prima che la strategia dia dei risultati apprezzabili.

Nei 15 anni in cui Greenblatt l'ha testata, la strategia ha dato un ritorno medio del 22,9% annuo contro il 12,4% dello S&P 500.

Ma mentre ci sono stati degli anni dove ha guadagnato oltre il 50%, ce ne sono stati altri dove ha perso fino al 25%.

Puoi ben comprendere perché i manager dei fondi di investimento non l'adottano. Come potrebbero giustificare delle perdite del genere? Anche se l'anno successivo guadagnassero oltre il 50% molti dei loro sottoscrittori sarebbero ormai andati via. E i loro ricchi stipendi evaporati.

Come abbiamo già detto le persone oggi sono abituate ad ottenere subito i risultati: hanno una visione a brevissimo termine. Ma il breve termine è il regno del caos, è il regno delle emozioni e di quel pazzo di "Mr. Market" che cambia idea da un momento all'altro.

Ben diverso è l'orizzonte dell'imprenditore, cioè il tuo.

La tua priorità dovrebbe essere la tua azienda, non quella di diventare un investitore professionista. In quest'ottica investire è un potenziamento che, proprio come la tua azienda, ti darà dei benefici nel lungo termine, in anni, non in mesi.

Proprio per questa ragione ritengo che l'imprenditore sia la persona più adatta ad applicare la strategia di Greenblatt: come ho detto, un po' ce l'ha già nel sangue.

Non chiudi tutto se un anno la tua azienda ha subito una perdita dei profitti, perché sai che, se la tua strategia è vincente, allora il prossimo anno o quello successivo il fatturato e gli utili miglioreranno.

La stessa cosa vale per gli investimenti che farai. Non dovrai preoccuparti se per qualche mese o pochi anni i risultati non saranno quelli previsti o addirittura avrai qualche perdita. La strategia, nel lungo termine, funziona perché le migliori aziende che sono scontate statisticamente e ragionevolmente crescono di più del mercato e sono più sicure di molte altre.

Ma a volte per brevi periodi non sarà così.

LE SORPRESE CHE CI ASPETTANO QUANDO SI HANNO ORIZZONTI A LUNGO TERMINE

Pochi giorni fa ho fatto un piccolo esperimento che non ha sicuramente carattere statistico ma che offre un interessante spunto di riflessione. Ho preso una lista delle 50 migliori aziende selezionate con la formula di Greenblatt a metà 2018. Avevo conservato questa lista che avevo utilizzato a suo tempo per scegliere le solite due aziende, proprio come ormai hai imparato a fare anche tu.

Questa volta ho voluto fare un ragionamento differente. Considerando quelle aziende presenti nella lista ho voluto calcolare come sarebbe andato l'investimento tenendole <u>tutte</u> e 50 in portafoglio fino a quel momento.

Ce n'era per tutti i gusti, infatti in questi anni, alcune avevano perso anche il 50% del valore, un paio addirittura avevano perso oltre il 95% del valore ed una era fallita. Alcune avevano guadagnato il 30%, altre ancora erano rimaste intorno allo stesso prezzo. E c'erano anche quelle che avevano raddoppiato o triplicato di valore.

Alla fine, ho tirato le somme e ho avuto una sorpresa che mi ha lasciato a bocca aperta.

Sommando tutti i risultati, quindi sia tutte le perdite anche totali che tutti i guadagni, se avessi investito in tutte le 50 aziende della lista e avessi tenuto le azioni fino ad oggi il capitale sarebbe aumentato di dieci volte, dieci volte in soli due anni e mezzo!

Sottolineo che non è una dimostrazione statistica di qualche tipo. Ma di certo conferma, se ce ne fosse ancora bisogno, che la strategia di selezionare le migliori aziende a prezzi scontati ha senso e funziona più che bene nel lungo periodo.

Lo ripeto, per chi investe in modo intelligente è sempre il lungo termine che conta. Il lungo termine è il regno della razionalità e della disciplina. Il breve termine, l'immediato, invece è il regno dell'irrazionalità e delle emozioni: cioè quello di noi esseri umani che tendiamo a fare scelte guidati dalle passioni, dall'istinto di sopravvivenza.

Ti assicuro che sarà dura quando le tue aziende saranno in perdita: la tentazione di lasciar perdere è comune a tutti, ti sentirai come se il predatore ti stesse col fiato sul collo. Questa sensazione non passerà neanche quando avrai raddoppiato o triplicato il tuo capitale. Ogni volta dovrai farci i conti.

Ma se riuscirai a resistere, se riuscirai quasi a

dimenticarti dei tuoi investimenti, se cercherai di dedicargli solo quelle due ore al mese e se non guarderai tutti i giorni le quotazioni dei mercati, allora i risultati andranno ben oltre le tue attese.

Le parole che non dovrai scordare nei prossimi anni sono solo due:

Disciplina e Pazienza

Fine.

ADESSO PUOI INIZIARE AD INVESTIRE FIN DA SUBITO

Puoi utilizzare i contenuti bonus che ho creato per aiutarti ad applicare la formula in modo semplice e in poco tempo, sono gratuiti.

www.giorgiopriori.it/bonus

Lasciando la tua email riceverai questi cinque contenuti riservati ai lettori:

1.   Il **REGISTRO DI INVESTIMENTO**, uno strumento indispensabile che ti semplifica molto il lavoro e ti permette di essere sicuro di seguire correttamente la strategia;

2.   Il **VIDEO #1**, in cui ti mostro come utilizzare correttamente il "Registro di Investimento" e vedendo praticamente tutto quello che ti occorre per seguire la strategia negli anni e comunicare i giusti "numeri" al tuo commercialista;

3.   Il **VIDEO #2**, in cui ti mostro, utilizzando la formula di questo libro, come selezionare passo passo e in modo semplice le aziende da "Il Sole 24 Ore";

4.   **LA STRATEGIA IN PILLOLE**, il documento in PDF dove è riassunta tutta la strategia di selezione delle azioni.

E in più, riservato ai lettori più curiosi, il

5.   **CAPITOLO BONUS: LA FORMULA PER I PIU' ESPERTI** dove vedremo come i professionisti utilizzano la formula di Greenblatt per incrementare ancora di più i profitti.

Biografia dell'Autore

**GLI ANNI DA INGEGNERE E
LE PRIME ESPERIENZE DA IMPRENDITORE**

Nato a Roma e qui laureato in ingegneria nel 2000 all'Università La Sapienza ho iniziato a lavorare in una società di consulenza inglese per poi passare ad ACEA SpA, l'azienda che gestisce il servizio idrico di Roma.

Dopo pochi anni, mi sono reso conto che la vita da dipendente non sarebbe riuscita ad offrirmi quello che cercavo. Per questa ragione ho deciso di cambiare per lavorare nella società di famiglia. Contemporaneamente ho aperto il mio studio professionale di ingegneria idraulica.

In quel periodo conoscere le dinamiche della realtà pubblica a cui sia la società che lo studio di ingegneria facevano riferimento come fornitori mi ha aiutato a riflettere. In particolare, a riflettere sulle priorità e sui compromessi a cui spesso bisogna adattarsi per poter crescere in quell'ambito e che in definitiva non rientravano nelle mie personali convinzioni morali.

LA CRISI DEI VALORI E LA RICERCA DI ALTERNATIVE

Deluso da queste esperienze mi sono dedicato alla ricerca di un'occupazione libera da tali dinamiche ed al contempo autonoma. Nel 2008 ho iniziato con mio fratello un'attività di produzione di documentari video e fotografici in regioni remote del pianeta ed in seguito, nel 2011, mi sono dedicato allo sviluppo di una piccola realtà alberghiera nella città di Roma.

Terminato il periodo di start-up della struttura ricettiva sono riuscito a dedicare il mio maggiore tempo disponibile verso lo studio dei mercati dei capitali e delle strategie di investimento che mi avevano sempre affascinato.

LA FOCALIZZAZIONE SU NUOVE
ED IMPORTANTI COMPETENZE

Dopo aver costituito la mia società di investimento, la *Integrity Investments*, ho avviato le prime operazioni nel settore immobiliare. Questo mi ha permesso di comprendere a fondo ed in prima persona le dinamiche dei flussi finanziari, del debito e della gestione del rischio.

Nel tempo ho rafforzato le mie competenze sia attraverso le esperienze dirette sul campo che grazie a degli approfonditi studi accademici quali l'eccellente **EREF** (Executive Real Estate Finance) della Luiss di Roma, la certificazione **ICCF** (International Certification in Corporate Finance) della Columbia Business School di New York ed il corso di **Corporate Strategy** presso la

École des hautes études commerciales de Paris (HEC).

Queste nuove capacità e l'esperienza maturata come imprenditore mi hanno spinto nel tempo a focalizzare l'attenzione sugli investimenti in società, sia quotate nei mercati internazionali che piccole realtà private.

Nell'ultimo periodo l'interesse nelle scelte di investimento si sta sempre più focalizzando, con ottimi risultati, nella nicchia delle **"Special Situations"** ossia le complesse operazioni straordinarie delle aziende quotate.

LA SCELTA DELLA STRADA E DEI RIFERIMENTI-GUIDA

Il percorso fatto ed il continuo studio a cui dedico tuttora quotidianamente parte del mio tempo mi hanno portato alla, per me, inevitabile scelta di seguire la scuola di origine americana del **"Value Investing"** con prospettive di investimento e di gratificazione proiettate nel medio e lungo periodo.

Chiudendo con una piccola riflessione personale, ho maturato l'idea che essere responsabile delle scelte di allocazione dei capitali altrui richiede un distacco dalle emozioni ed un'integrità che sono quasi sempre di arduo ma obbligato raggiungimento.

In questo gli scritti di **Marco Aurelio**, l'imperatore romano che abbracciò la filosofia stoica, sono stati per me un riferimento importante e mi hanno aiutato a scoprire prima ed a seguire poi il corretto sentiero. Dopo numerosi anni e tentativi sono così riuscito a trovare la mia personale strada da percorrere attraverso un mondo distratto e focalizzato sulle piccole ed effimere gratificazioni istantanee piuttosto che sui benefici profondi, duraturi e di lungo termine.

Ringraziamenti

Negli anni sono moltissime le persone che ho avuto il privilegio di incontrare su questa splendida nave alla deriva che è il nostro pianeta Terra.

Se non fosse stato per tutta questa serie di incontri, di idee e di opinioni che hanno contribuito alla mia crescita umana e professionale, di sicuro non avrei potuto raggiungere i risultati attuali e tantomeno scrivere questo testo.

Oltre alla mia famiglia ed i miei genitori che mi sono sempre stati vicini e a cui dedico questo testo vorrei ringraziare moltissime altre persone.

Inizio da mio fratello Marco con cui ho avuto l'opportunità di vivere avventure nei più remoti angoli del Canada Settentrionale dove abbiamo incontrato animali selvaggi indimenticabili e persone ancora più straordinarie.

Non posso che continuare con Paola, che mi è sempre stata vicino come amica e collega di lavoro fin dai troppo lontani anni dell'università.

Un profondo riconoscimento va a Gabriella che ha avuto, ormai tre decenni fa, l'arduo compito di scorgere prima e formare poi la parte migliore di un giovane ragazzo. Ho l'impagabile fortuna, dopo tutto questo tempo, di poterle chiedere preziosissimi consigli come ho fatto mentre scrivevo questo testo.

Sono grato alle persone a me più vicine che non hanno mai mancato di incoraggiamento ed interesse nei miei progetti come Veronica e mia zia Annarita, e come non posso ringraziare anche mio zio Renato che ha contribuito profondamente ad indirizzarmi verso gli studi di ingegneria.

Un particolare ringraziamento va anche ai miei più stretti colleghi di lavoro Francesco e Paola che mi aiutano in modo insostituibile ad affrontare le spesso faticose sfide quotidiane.

Tra tutti i miei amici a cui sono molto legato, anche se abbiamo sempre troppo poco tempo da trascorrere insieme, un particolare ringraziamento va ad Alberto. E' stato lui che, al momento giusto mi regalò un libro che ha innescato la scintilla per un profondo e personale cambiamento di paradigma e di visione del mondo.

UN PICCOLO FAVORE, PRIMA DI SALUTARCI

Con la tua recensione su Amazon aiuti gli altri lettori a capire meglio se questo libro risponde alle loro esigenze, se è valido oppure no: in pratica se vale la pena leggerlo.

Quindi, per cortesia, non dimenticare di lasciare una recensione su Amazon. È molto importante.

Inoltre, aiuterai anche me a capire meglio cosa migliorare e cosa può essere più utile per te e per gli altri lettori.

Grazie.

Giorgio

Bibliografia

Chi investe senza sapere ciò che fa è un po' come quel tale che cammina dentro una fabbrica di dinamite con in mano un fiammifero acceso: può uscirne vivo, ma rimane comunque uno sciocco.

Warren Buffett

Se il mondo degli investimenti azionari avesse solleticato la tua curiosità, allora sappi che hai letteralmente un "oceano" di libri per poter approfondire, anche da solo. Qui di seguito ho pensato di riportarti una breve lista di quelli che reputo i più significativi. Che io sappia, praticamente tutti i libri più importanti scritti sull'argomento sono in lingua inglese.

Una precisazione, di seguito non troverai nessun testo di "trading", cioè di quel modo di investire che tiene conto solo del prezzo. Come ti ho già accennato preferisco investire analizzando quello che c'è "dietro" al grafico del prezzo, cioè l'azienda con tutto quello che significa ed il suo valore intrinseco. Mi attengo cioè a quello che disse Warren Buffett: "se non investi tenendo conto del valore, allora come investi?"

Se vuoi iniziare ad investire in aziende senza seguire la

strategia del testo sappi che solo dopo che avrai acquisito delle basi formali sarai in grado di costruire la tua personale filosofia di investimento.

I tre passaggi fondamentali e, a mio avviso, obbligatori per imparare ad investire da solo nelle aziende senza rischiare di perdere denaro sono (seguiti possibilmente in questo ordine):

1. Lasciare stare i blog su internet;
2. Imparare a leggere e (soprattutto) a comprendere bene i bilanci delle aziende;
3. Seguire un corso o un seminario sulla finanza d'impresa e sulla valutazione delle aziende.

I testi di riferimento fondamentali della strategia di cui ti ho parlato sono:

Joel Greenblatt, *Il Piccolo Libro che Batte il Mercato Azionario*, Wiley, 2009

Joel Greenblatt, *The Big Secret for the Small Investor*, Wiley, 2011

Joel Greenblatt, *You can be a Stock Market Genius*, Simon & Shuster, 1997

www.magicformulainvesting.com

Come valutare le aziende (ecco cosa iniziare a studiare per avere un livello di preparazione di cui non puoi proprio fare a meno):

Thomas R. Ittelson, Financial Statements – *A step-by-step guide to understanding and creating financial reports*, Career Press, 2009

Aswath Damodaran, *The Little Book of Valuation*, Wiley, 2011

Aswath Damodaran, *Narrative and Numbers*, Columbia Business School Publishing, 2020

Aswath Damodaran, *Investments Valuation*, Wiley, 2012

I classici per diventare un investitore consapevole sono:

Benjamin Graham, *The Intelligent Investor*, Harper 2003
Benjamin Graham & David L. Dodd, *Security Analysis 6th edition*, McGraw Hill, 2009
Benjamin Graham, *The Interpretation of Financial Statements*, Collins Business, 1937
Seth A. Klarman, *Margin of Safety*, HarperCollins
Philip A. Fisher, *Common Stock and Uncommon Profits*, Wiley, 1996
Peter Lynch, *One Up on Wall Street,*, Simon & Schuster, 1989
Peter Lynch, *Beating the Street*, Simon & Schuster, 1994

La filosofia del "Value Investing" e non solo:

Warren Buffet, *Berkshire Hathaway Letters to Shareholders*
Charles T. Munger, *Poor Charlie's Almanak*, PCA Publication, 2006
Gautam Baid, *The Joys of Compounding - The passionate pursuit of lifelong learning*, Columbia Business School Publishing, 2020
Mohnish Pabrai, *The Dhandho Investor*, Wiley, 2007
James P. O'Shaughnessy, *What Works on Wall Street 4th edition*, McGraw Hill, 2012
Howard Marks, *The Most Important Thing Illuminated*, Columbia Business School Publishing, 2017
Howard Marks, *Mastering the Market Cycle*, Houghton Mifflin Harcourt, 2018
John Heinz, Whitney Tilson, *The Art of Value Investing*, Wiley, 2013

John P. Reese, Jack M. Forehand, *The Guru Investor*, Wiley, 2009

Jeremy J. Siegel, *The Future for Investors*, Crown, 2005

Bruce C.N. Greenwald et al., *Value Investing from Graham to Buffett and Beyond*, Wiley, 2001

Lauren C. Templeton, *Investing the Templeton Way*, McGraw Hill, 2008

John Mihaljevic, *The Manual of Ideas*, Wiley, 2013

Michael Shearn, *The Investment Checklist*, Wiley, 2012

George Soros, *The Alchemy of Finance*, Wiley, 2003

L.J. Rittenhouse, *Investing Between the Lines*, McGraw Hill, 2013

Sulle contraddizioni del mondo della finanza ecco un classico senza tempo:

Fred Schwed Jr, *Where are the Customers' Yachts?*, Wiley, 2006

Manuali di valutazioni degli investimenti, delle aziende e di argomenti di finanza aziendale:

P. Vernimmen et al., *Corporate Finance 5th edition*, Wiley, 2018

J. R. Hitchner, *Financial Valuation Applications and Models 2nd edition*, Wiley, 2006

A. Damodaran, *Finanza Aziendale – Applicazioni per il Management*, Maggioli Editore, 2015

J. Rosenbaum, J. Pearl, *Investments Banking Valuation, Leveraged Buyouts and Merger & Acquisitions 2nd edition*, Wiley 2013

E. I. Altman et al., *Corporate Financial Distress, Restructuring and Bankruptcy 4th edition*, 2019, Wiley

Dinamiche del mercato e dei concorrenti e come sviluppare il vantaggio competitivo:

Michael E. Porter, *Il Vantaggio Competitivo*, Einaudi, 1985

Divertenti testi di economia comportamentale:

Dan Ariely, *Predictability Irrational*, Harper, 2009

Richard H. Thaler (Premio Nobel sull'argomento), *Misbehaving, La nascita dell'economia comportamentale*, Einaudi, 2018

Robert E. Cialdini, *Le Armi della Persuasione, come e perché si finisce col dire di sì*, Giunti 2013